LA RÉVOLUTION FRANÇAISE
ET L'ABOLITION DE L'ESCLAVAGE

TEXTES ET DOCUMENTS

TOME III

EDHIS
EDITIONS D'HISTOIRE SOCIALE
10, RUE VIVIENNE
PARIS

— III —

LA REVOLUTION FRANÇAISE ET L'ABOLITION DE L'ESCLAVAGE

La collection « La Révolution française et l'abolition de l'esclavage » comprend au total quatre-vingt-neuf titres répartis en douze volumes, qui forment quatre séries:

A - *La traite des Noirs et l'esclavage, tomes I à V.*

B - *La Société des Amis des Noirs, tomes VI à IX.*

C - *La révolte des Noirs et des Créoles, tomes X et XI.*

D - *La législation nouvelle, qui, avec une table générale des douze volumes et un index, forme le XIIe et dernier volume.*

LA RÉVOLUTION FRANÇAISE
ET L'ABOLITION DE L'ESCLAVAGE

III

TRAITE DES NOIRS ET ESCLAVAGE

***

EDHIS
EDITIONS D'HISTOIRE SOCIALE
10, RUE VIVIENNE
PARIS

TABLE DU TOME III

LE
MORE-LACK

LE
MORE-LACK,
OU
ESSAI

SUR les moyens les plus doux & les plus équitables d'abolir la traite & l'esclavage des Nègres d'Afrique, en conservant aux Colonies tous les avantages d'une population agricole.

.... And with necessity,
The Tirant's Plea, excuse his dew' Iish Deed.

Ainsi les Tyrans prétendent excuser leurs actions infernales, en disant : La nécessité m'y força.

Paradis Perdu de Milton.

A LONDRES
Et se trouve A PARIS,
CHEZ PRAULT, IMPRIMEUR DU ROI, quai des Augustins.

1789.

[Cet ouvrage est de Lecointe-Marsillac]

AUX
SOCIÉTÉS PHILANTROPIQUES,
ET
A TOUTES LES AMES SENSIBLES.

De toutes nos erreurs, la plus funeste à la félicité humaine, est celle d'avoir toujours considéré de grandes richesses comme la réalité du bonheur; jadis la soif de l'or, fit massacrer les habitans du Nouveau Monde; aujourd'hui la même cupidité nous entraîne à faire égorger une partie des peuples de l'Afrique, & à leur enlever des esclaves pour cultiver l'Amérique. En sommes-nous plus heu reux ? L'Espagne, pour envahir des monceaux d'or, a depeuplé ses provinces

& laiſſé ſes terres en friche. L'Europe a regorgé de deſirs, d'ambition, de richeſſes ; des fortunes rapides ſe ſont élevées ſur les débris ſanglans de l'eſpèce humaine; un millionnaire ne peut dépenſer ſans prodigalités un revenu immenſe capable de ſuffire à l'exiſtence de deux cents perſonnes, il ſe crée mille jouiſſances factices qui prennent la place des beſoins les plus néceſſaires; des tréſors conſumés par un luxe ſans bornes ceſſent d'être ſuffiſans, & le voilà devenu le martyr de ſa propre cupidité, & la juſte victime de la cupidité inſenſée dont il a malheureuſement donné l'exemple à toute la colonie.

Des vêtemens ſimples, mais ſalutaires, ont fait place à des modes frivoles & à des coſtumes ruineux : les toits paiſibles de nos pères ont été renverſés pour élever des bâtimens ſuperbes ; leur nourriture ſaine & frugale, a été remplacée par des repas ſplendides, & des apprêts ſomptueux. Enfin, les vrais plaiſirs de l'heureuſe innocence ont été dédaignés par l'orgueil, ou avilis par des êtres corrompus.

Le nombre des favoris de la fortune qui regorgent de tout, a augmenté la foule des malheureux enfans de l'indigence qui n'ont pas de pain, & les riches eux-mêmes n'ont goûté de la félicité que les apparences trompeuſes. Les richeſſes ont tourmenté toutes les claſſes de la ſociété, ſans les rendre heureuſes ; &, pour les obtenir, nous leur ſacrifions ſans remords depuis plus de deux cents ans, le bonheur, la liberté, le ſang, la vie & la poſtérité de dix millions de créatures innocentes qui ſont nos ſemblables, nos frères. Enfin, après avoir rempli les quatre parties du monde de meurtres & de calamités, nous mourrons égoïſtes, malheureux, déteſtés de tous ceux qui nous environnent, ſouvent même de nos propres enfans, ſans avoir rien fait pour la poſtérité, que de multiplier les vices & les misères du genre humain. Tels ſont les triſtes effets de l'inſatiable avarice & de la ſoif toujours renaiſſante de l'or.

Quelques hommes ſenſibles, témoins de ces horreurs, ont fait ſentir à l'Europe les cruautés qu'elle avoit exercées ſans relâche contre les Noirs, depuis plus de deux ſiècles. La dureté des traitans, des facteurs homicides & des habitans impitoyables, a révolté tous les cœurs honnêtes ; & lorſque les colons ont voulu juſtifier les brigandages, les aſſaſſinats qu'ils font commettre en Afrique & en Amérique, l'indignation générale s'eſt ſoulevée contr'eux.

Ils ſentent, ils avouent même la néceſſité d'une réforme dans les abus ; mais l'habitant deſpote abſolu dans ſon habitation, refuſe impunément tous les jours à ſes Nègres, les adouciſſemens qui leur ont été accordés par le Code Noir. Leur misère s'accroît ſans ceſſe, ils la ſouffrent & ſe taiſent. Si par malheur ils oſoient ſe plaindre, ils recevroient bientôt cent coups de fouet, & riſqueroient d'avoir leur corps déchiré par lambeaux. Il n'exiſte dans les colonies aucun protecteur qui veille à la conſervation de ces infortunés, ni qui prenne le moindre intérêt à ce qu'on leur fourniſſe ſeulement le vrai néceſſaire.

On ne peut parcourir les habitations Angloiſes de l'Amérique, ſans être navré de douleur : on y voit preſque par-tout l'homme écraſé ſous le joug de la tyrannie, mis au rang des bêtes de charge & ſouvent plus maltraité qu'elles. Ce cruel uſage, autoriſé par des loix barbares ſurpriſes à la puiſſance des Rois, pratiqué par des êtres impitoyables, s'eſt perpétué juſques à ce jour, malgré toutes les réclamations de la raiſon & des lumières de notre ſiècle, malgré l'influence des préceptes religieux, malgré les ſentimens intérieurs de l'ame, qui ne ceſſe de dire : Celui que tu foules aux pieds eſt ton frère. La ſoif de l'or, & le deſir effréné de gagner en dix ans de quoi étaler le faſte le plus inſolent, ſont les motifs qui encouragent cet odieux commerce, & réduiſent le More malheureux au degré d'aviliſſement le plus douloureux. Non, je ne crains pas de le dire, on ne boit pas en Europe une ſeule taſſe de café qui ne renferme quelques gouttes du ſang des Africains. La ſeule culture du ſucre abrége de moitié la durée de leur exiſtence.

Quel obſervateur impartial ne ſentira ſon ame déchirée, lorſque, quittant l'habitation du maître, il parcourra ſeul les triſtes cabanes de ſes eſclaves ? Tandis que la pompe & l'abondance ſont répandues avec profuſion au logis du colon, ſes pauvres créatures, mourant de faim, n'ont ſur leur corps que deux aunes de groſſe toile pour couvrir leurs nudités, &

qu'une misérable natte pour se coucher la nuit. L'indigence la plus affreuse les poursuit & les poignarde depuis l'époque de leur servitude jusqu'à celle de leur mort. Ils travaillent nuit & jour pour accroître la fortune du maître. Tandis que les Noirs ne respirent que pour la douleur, & souffrent des premiers besoins de la vie, des colons durs & colères n'ont plus de pitié pour eux : leurs cœurs sont de pierre, & la mort même de ces infortunés cesse de les affecter, dès qu'ils y trouvent quelque avantage.

Leur insensibilité meurtrière se communique bientôt à tous ceux qui les environnent ; pour plaire au tyran, on épouse sa dureté ; on parle des Noirs avec mépris ; les yeux s'accoutument au spectacle de la cruauté, & on trouve rarement des Européens qui, ayant vécu un an en Amérique, prennent intérêt à leurs ſouffrances. Ils contemplent en riant les coups de fouet qui font quelquefois ruiſſeler le ſang de ces malheureux. Les cris de ces infortunés, lorſqu'on met du ſel & du poivre dans leurs plaies, excitent leurs ſouris moqueurs... Monſtres! que vous ont fait ces peuples opprimés pour les traiter avec tant de rigueur?... Rappellez-vous que c'eſt par la trahiſon, la force & la tyrannie, que vous avez établi vos droits ſur eux, en les arrachant avec violence du ſein de leur patrie. Songez que c'eſt à votre politique infernale que vous êtes redevable de leurs travaux & de votre opulence; rappellez-vous enfin qu'il exiſte un Etre immortel qui voit & juge vos œuvres, & dormez en paix, ſi vous l'oſez.

Tyrans cruels, perſécuteurs farouches, vous que la Nature ne fit naître que pour devenir les bourreaux du genre humain, quittez vos tables ſomptueuſes, & viſitez les caſes de vos Nègres, où tout annonce la peine & la douloureuſe indigence! Voyez-les dans la dureté des travaux, nuds, ſouffrans, expoſés à la rigueur d'un ſoleil brûlant, dégoûtans de ſueurs & quelquefois de ſang, mêlé des larmes du déſeſpoir! Voyez-les s'épuiſer de fatigues ſur une terre qui ne produit tant de richeſſes que pour vous ſeuls; . . . & s'il vous reſte encore une ame, contemplez leur deſtinée affreuſe, ſans détourner les yeux avec horreur.... Vous n'oſeriez.... vous craignez même d'être ſenſibles.... vous encouragez une adminiſtration meurtrière dont la barbarie contribue à votre opulence. Vous avez, il eſt vrai, le beau droit de leur faire grace quand vous voulez ; mais pour ne pas jouir d'un privilége contraire à votre fortune, pour priver de vos bienfaits ces infortunés, vous ſortez rarement ; vous êtes preſque toujours inviſibles pour eux ; vous reſſemblez à ces froides idoles de bois ou d'argile, qui ne quittent jamais la place où le ſtupide vulgaire les a depoſés.

Malgré les vaines déclamations que l'impoſture & la cupidité font proférer encore aux colons, l'opinion générale a prononcé contr'eux ; elle réclame l'abolition de la traite des Nègres : elle recherche avec empreſſement tous les moyens de leur rendre une liberté que leur accorda la Nature .... que la fourberie & la violence leur ont ravie ....

mais à laquelle ils n'ont jamais renoncé.

Par quels moyens heureux y pourroit-on parvenir, ſans exciter des orages, ſans porter atteinte à la propriété des colons, ſans les priver des bras accoutumés à cultiver leurs terres?...

Rendre ſubitement la liberté à tous les eſclaves Nègres, ſeroit un acte d'autorité arbitraire qui ruineroit les colonies, & exciteroit une révolution dangereuſe dans des cœurs ulcérés de peines & de déſeſpoir. Les habitans ne connoiſſant d'autres moyens de culture que les bras du More, ſeroient ſans ſecours, ſans eſpoir, ſans récoltes, ſi on les affranchiſſoit tout-à-coup. La caſe des Nègres, ſes meubles, ſes outils appartenans au maître, rendre à ces esclaves la liberté sur le champ avant de leur avoir assuré des moyens d'existence, seroit les réduire à la dernière misère, & n'en faire que des brigands toujours prêts à nous dévorer.

Eteindre insensiblement l'esclavage, par des moyens doux, faciles & peu dispendieux, qui assurent dans tous les tems la culture des terres, l'existence des Nègres & la fortune des colons, seroient des actes de justice conformes à tous les droits de l'humanité, & même avantageux à à la prospérité future des colons: ils ne pourroient révolter que ces ames féroces & avides qui chérissent les meurtres, l'iniquité & les révolutions, dans l'espoir d'y trouver de quoi satisfaire avec moins de lenteur la cupidité la plus effrénée.

Abolir enfin la traite des Nègres, dès qu'elle ne ſera plus néceſſaire, anéantir les cauſes de l'eſclavage, rendre la paix à l'Afrique, & la liberté à l'Amérique; ce ſont des actes d'équité & de bienfaiſance, que toutes les opinions religieuſes, la juſtice & l'humanité réclament depuis long-tems.

Ces trois obſervations détaillées vont former le cannevas de cet Ouvrage; mais avant de le commencer, il faut que je rende compte des motifs qui m'ont déterminé à le mettre au jour.

Il y a environ un an, qu'ayant été obligé de me rendre à l'Iſle de Guerneſey, je fus contraint, à mon retour en France, de relâcher à l'Iſle de Jerſey, où les vents contraires me retinrent près de trois jours. Quoique la mer fût vivement agitée, le soleil éclairoit l'horison, & répandoit sa douce lumière sur les pâturages, les jardins & les riantes habitations de l'Isle. Ne pouvant achever ma route, l'oisiveté me porta à la parcourir. Semblable à la plupart des Isles de l'Océan, elle m'offrit l'aspect de plusieurs montagnes, qui, sortant du sein de la mer, sembloient y former un asyle contre ses orages. Je dirigeai mes pas vers son centre ; & par des chemins tortueux, bordés d'un grand nombre d'arbres jeunes & vigoureux, je parvins au sommet de l'Isle, & m'assis sur le bord d'un rocher.

J'y contemplois, dans une tendre méditation, le spectacle terrible & majestueux d'une mer en courroux, qui sembloit vouloir sapper & engloutir ce sol riant & bien cultivé ; les roches qui m'environnoient, chargées de coquillages incrustés & de pétrifications maritimes, m'attestoient l'évidence des premiers déluges du monde.... les vents impétueux qui soulevoient les flots avec violence.... les vagues qui, en se combattant, se confondoient sans cesse, venoient briser leurs dernières lames aux pieds d'un roc qui sert de fondement à un vieux château bâti (dit-on) par Jules César .... la Nature, dans ses vives agitations, pénétroit mon cœur de crainte & de respect .... & dans l'intérieur de mon être, j'admirai dans un respectueux silence, la puissance motrice qui dirigeoit à son gré le mouvement des cieux, des vents, des mers & de la terre.

J'étois encore ému de ces magnifiques tableaux, lorſquc j'apperçus à deux cents pas de moi, un homme couché ſur la terre ; la tête appuyée ſur ſa main, il contemploit comme moi les convulſions de l'Océan. L'analogie du lieu, du tems, des circonſtances, peut-être même cette ſympathie ſi douce qui attire l'homme vers ſon ſembla le, m'excita à m'approcher de lui : je quittai mon rocher, & je fus le joindre.

Après avoir vaguement parlé des vents, &c, il m'apprit que ſa mère étoit originaire d'Afrique qu'il avoit été eſclave en Amérique ;. . . qu'affranchi de bonne heure, il avoit fait un voyage en Guinée ; . . . que les horreurs de la traite lui ayant fait redouter d'être auſſi la victime de nos fureurs ſanguinaires, il avoit abandonné une patrie où preſque tous ſes parens avoient été égorgés ou vendus; & qu'enfin, il étoit venu chercher en Europe un aſyle paiſible où ſon travail pût ſuffire aux beſoins de ſon exiſtence.

Le ton dont il s'exprimoit me frappa. Je lui fis beaucoup de queſtions ſur l'eſclavage, la traite des Noirs, leur tranſport dans les Iſles, leurs traitemens journaliers, &c. Il répondit à tout avec une préciſion, une énergie & un ſentiment de vérité qui m'inſpirèrent de l'eſtime pour lui. Je ſentis qu'il étoit parfaitement inſtruit; & ſon diſcours redoubla la vive horreur que j'avois conçue depuis long-tems pour un trafic auſſi dénaturé.

Ses tableaux étoient peints avec cette chaleur qui, caractérisant bien les faits dont il avoit été témoin, annonçoient une ame sensible, courageuse & supérieure aux revers. Il invoquoit à la fois le Grand-Esprit & le Soleil comme ses pères, les Rois & les Magistrats comme ses protecteurs; il finit par m'apprendre qu'il avoit composé un mémoire où tous ses griefs étoient déposés; je lui témoignai le desir d'en prendre lecture : il promit de me satisfaire, & de me l'apporter le lendemain matin.... Je le quittai, en serrant affectueusement sa main dans les miennes.

Cet homme avoit la taille haute, la figure animée, le regard indigné. Soit que ce fût un jeu de la Nature, ou que sa mère eût fréquenté des Européens, son visage ne paroissoit pas avoir une origine Africaine ; son teint n'étoit guères plus brun que celui des Espagnols ou des Portugais ; ses cheveux courts n'étoient pas crépus, & sa manière de s'énoncer annonçoit de la pénétration, du jugement & même du génie.

Le lendemain, il arriva chez moi avec un rouleau de vieux papiers sous son bras ; il le déploya sur ma table, & le lut en anglois avec véhémence. Tout dévoiloit en lui un homme plein de son sujet, & capable de grandes choses. Je me tenois en garde contre une chaleur que je croyois outrée ; mais la force de ses raisons m'entraîna : elles étoient conformes à tout ce que j'avois ressenti moi-même, je ne pus m'empêcher de partager ſes peines.

Il me raconta l'hiſtoire d'un Nègre jeune encore, mais épuiſé par l'excès des travaux qu'on lui avoit impoſés Cet homme exténue, maigre comme un ſquelette, abandonné de ſon maître qui refuſoit de le nourrir, parce qu'il n'avoit plus la force de travailler, fut réduit à une ſi grande misère, qu'il mangea de la chair crue & corrompue des bœufs ou des animaux morts de maladies, jettés au milieu des champs. Ce malheureux Noir, preſſé d'une faim dévorante, parcourut les habitations en mendiant. Il vint un jour ſe préſenter devant un riche colon, parent de ſon maître, & pour lequel il avoit jadis travaillé: il le trouva prenant ſon café ſur une terraſſe, vêtu d'un habit ſuperbe, & environné de gens qui le ſervoient. Il implora ſon aſſiſtance; mais il fut cruellement refuſé : & parce qu'il ne ſe retira pas aſſez promptement, il le livra à ſes domeſtiques qui l'outragèrent avec violence. Ce Nègre infortuné, en ſe retirant, ne put s'empêcher de lui dire : (Toi, qui boire mon ſang, refuſer la vie à moi, & faire battre moi.) Ce qui, dans le génie de notre langue, me paroît dire; *Celui qui boit mon ſang, mes ſueurs & mes larmes, me refuſe un morceau de pain, & m'aſſomme.*

Je deſirai qu'il me laiſsât ſon manuſcrit, mais il n'y conſentit pas : il me permit ſeulement d'en extraire ce qui ſeroit utile à mon Ouvrage : je profitai de ſes offres, & traduiſis en françois quelques paſſages qui me parurent intéreſſans. Malgré tous mes efforts pour leur conſerver leur teinte originale, je ſens qu'ils ont perdu de leur énergie : mais ce qui leur en reſte, ſuffira peut-être pour faire connoître que, ſous une écorce noire, il ſe trouve ſouvent des ames ſenſibles qui ont du caractère & de la vigueur.

La ſeconde partie de cet Ouvrage renfermera un corps d'obſervations relatives aux moyens les plus doux d'opérer inſenſiblement l'abolition de la traite (*en la rendant inutile*,) & l'extinction progreſſive de l'eſclavage, ſans nuire à la propriété des colons, ni à l'exploitation territoriale.

Je ne ſuis ni un frondeur, ni un enthouſiaſte : mais par-tout où je vois la tyrannie & la cupidité de quelques individus fouler & écraſer ſans remords des millions de créatures humaines ; oſer même combattre ceux qui ont le courage de dénoncer leurs crimes à l'Europe .... mon cœur indigné gémit .... Je ſouffre & je ne puis me taire ; ami de la paix & de la félicité de tous mes ſemblables, il faut que ma douleur s'épanche dans le ſein de tous les êtres ſenſibles.

J'ai queſtionné une foule de Nègres : preſque tous m'ont tenu ce langage .... *Moi ſouffrir beaucoup, parce que maître fait trop travailler moi, ... nourrir mal moi. ... & faire périr moi de faim & de coups* .... Les faits rapportés dans cet

Ouvrage, dévoileront cette cruelle vérité, & en constateront l'évidence par le seul exposé de la manière dont ils sont traités chez leurs propriétaires : les voyages des observateurs, & l'Histoire du More-Lack, répandront quelques lumières sur cette grande cause, une des plus sublimes sans doute qui ait jamais mérité d'intéresser la sensibilité & la compassion des humains.... J'y joindrai mes réponses préliminaires aux partisans de l'esclavage & à leurs injustes réclamations. Je soumets enfin le tout au jugement des personnes éclairées & des Sociétés Philantropiques qui recherchent avec le zèle intrépide de la vérité, tous les moyens d'abolir la traite & l'esclavage des Nègres.

On attaquera sans doute mon style,

& on aura raiſon ; car j'éprouve qu'il eſt bien au-deſſous de ce que je ſens dans mon cœur : mais je réclame l'indulgence de mes lecteurs. Je ſuis jeune, Militaire ; voilà mon excuſe : j'ai beaucoup voyagé, ſouvent réfléchi & dans le cours de mes voyages, je n'ai eu ni le tems, ni l'avantage précieux de pouvoir m'éclairer par la lecture des ouvrages de ces hommes célèbres qui auroient dû être & mes maîtres & mes guides.

Quoique bien convaincu de ma foibleſſe, le ſentiment dont mon cœur étoit plein, m'a entraîné malgré moi à écrire & à hazarder (en tremblant) de mettre au jour ce premier fruit de mes obſervations dans ce genre.

En relisant attentivement mon ouvrage, j'ai toujours été indigné contre moi de me trouver si inférieur au sujet sublime que j'entreprends de traiter. Puisse l'aveu de ma foiblesse exciter quelque homme célèbre à le traiter plus dignement! Puisse-t-il attendrir tous les cœurs, faire cesser les crimes de l'Europe, nos forfaits en Afrique, nos meurtres en Amérique, & rendre l'existence, la liberté & le bonheur à cinq millions cinq cent mille Nègres, restes infortunés de plus de vingt millions de créatures humaines, arrachées des côtes esclaves, pour les précipiter dans des tourmens sans fin.

On fait sans cesse des voyages autour du monde, pour reconnoître un détroit, ou découvrir quelques îles désertes. On n'en a pas encore fait un ſeul pour conſtater les ſouffrances des Nègres eſclaves, & s'aſſurer des moyens les plus prompts de remédier à leurs maux. La gloire & l'immortalité ſeront la récompenſe des protecteurs bienfaiſans qui parviendront à rendre la liberté à cette claſſe la plus ſouffrante de tous les hommes : leurs noms, conſacrés dans les annales de l'Hiſtoire, ſeront toujours mémorables à l'humanité .... toujours cités d'âge en âge à nos générations futures, & toujours mis au premier rang dans les faſtes de la bienfaiſance ; ... l'eſpoir de rendre la paix & la félicité à cent peuples divers, leur offre un triomphe plus éclatant, que toutes les victoires ſanglantes d'un Alexandre ou d'un Tamerlan.

En peignant les souffrances de cette classe infortunée de l'espèce humaine, si je répète quelquefois les mêmes idées, c'est qu'elles s'offrent mille fois par jour à mon cœur; c'est que des cruautés extrêmes exécutées de sang froid, & réitérées mille fois par heure, sont intolérables.... c'est que le tems, loin d'affoiblir l'horreur qu'elles inspirent, les rend toujours nouvelles & toujours plus affreuses.... Puis-je me taire un instant, tandis que la cupidité de quelques êtres féroces égorge tous les ans plus de cent mille Noirs en Afrique ou en Amérique?... Puis-je me taire, lorsque tout me retrace sans cesse les cruels traitemens de tant d'infortunés?.... Non, je serois coupable, si je n'élevois pas ma foible voix, quand je songe que, dans l'instant où j'écris, une foule de Noirs qui ſont mes ſemblables, ſouffrent ou ſont expirans : juſqu'à ce que la bonté des Monarques & la ſenſibilité des humains aient ſoulagé leurs maux, j'oublierai mon inſuffiſance, & je ne me laſſerai jamais d'écrire. Je ne connois qu'une claſſe d'hommes plus vile & plus odieuſe encore, que celle des économes qui ſont les impitoyables bourreaux des Noirs : celle des colons barbares qui commandent de telles horreurs, ou qui les tolèrent : ce ſont eux qui les font égorger ſur les côtes d'Afrique.... eux qui achétent les priſonniers des vainqueurs & des vaincus.... & ce ſont eux qui les font périr aux extrémités de la terre.

Oui, mes triſtes & malheureux amis, mon cœur vous plaint, vous eſtime & vous aime : je voudrois, au prix de mon ſang, attendrir la dureté de vos maîtres, tarir la ſource de vos peines, & vous faire goûter un rayon de félicite ; dans la ſituation où le deſtin vous a réduits, je ne ſuis pas ſurpris que vous préfériez ſouvent la mort à la vie : l'exiſtence Américaine eſt pour vous une mort lente, un ſupplice ſans fin ; & le doux repos de la tombe fut long-tems le ſeul aſyle où vous eſpériez trouver la fin de vos douleurs ; mais, ſoyez toujours fidèles à vos maîtres, & prouvez-leur par votre conduite que vous méritez notre eſtime ; il exiſte en Europe des ames ſenſibles qui vous aiment, qui parlent pour vous, qui mettront au jour vos ſouffrances, & ſoulageront vos tourmens. Vos fers ſont déja briſés dans pluſieurs Etats Américains : oui, n'en doutez pas ; si vous continuez à le mériter, le Grand-Esprit qui vous protège vous rendra tous libres, lorsque les tems fixés par sa sagesse seront accomplis.

LE

LE MORE-LACK.

PREMIERE PARTIE.

CHAPITRE PREMIER.

Voyage de Guinée.

SENSIBLES & vertueux habitans de l'Europe, qui ne connoiſſez pas les rigueurs cruelles de l'eſclavage, ſouffrez qu'un Nègre d'Amérique, né auſſi blanc que vous par un jeu de la nature, qui n'eſt pas ſans exemple dans ſon pays, ose vous peindre ici l'affreuse situation où vous nous réduisez depuis si long-tems.

Parce que le destin nous donne une couleur d'ébene, avez-vous le droit de nous charger de fers?... Parce que nos pères, nos femmes & nos enfans sont hors d'état de se défendre, pouvez-vous, sans férocité, nous acheter, nous enchaîner, nous vendre dans un marché public, comme des animaux destinés à la boucherie, pour nous faire éprouver aux extrémités de la terre toutes les horreurs réunies de la faim, de la misère, du désespoir, & souvent même les supplices les plus affreux?

Lecteurs compatissans, ce n'est point ici un roman ébauché dans l'espoir d'amuser vos loisirs; c'est l'histoire véritable des traitemens barbares dont vos semblables nous accablent depuis plus de deux siècles; c'est le cri de l'humanité gémissante & persécutée qui ose s'élever jusqu'à vous, & dénoncer à toutes les nations la cruauté de vos facteurs & de vos colons: ce sont les Nègres de l'Afrique & de l'Amérique qui invoquent les jugemens des magiſtrats & des ſouverains de l'Europe, & qui leur demandent juſtice des perſécutions atroces dont on les accable en leur nom. Différerez-vous ou refuſerez-vous toujours d'être les protecteurs de notre douloureuſe exiſtence? Nous que la providence a ſoumis à votre empire, ne connoîtrons-nous nos maîtres que par des ſupplices, & n'aurons-nous jamais de part à votre bienfaiſance?

Qu'il me ſoit au moins permis d'entrer en lice avec vos colons Européens, & de leur prouver que, de toutes les actions de cruauté qui déshonorent l'eſpèce humaine, la plus odieuſe, la plus ſanguinaire, la plus injuſte, celle qui mérite le plus la haine de tous les hommes & l'exécration de tous les ſiècles, c'eſt la *traite des Nègres.*

Grace aux bontés d'un maître généreux, j'ai été affranchi à trente ans. Le vif deſir de revoir ma famille me fit embarquer au commencement d'Octobre ſur le vaiſſeau le *Liwerpool*, deſtiné à faire la traite des Nègres ſur les côtes d'Afrique. La traverſée fut heureuſe. Nous n'éprouvâmes d'autre perte que celle d'un matelot imprudent qui, s'etant endormi ſur le bord du tillac, tomba dans la mer par un coup de vent qui fit prodigieuſement pencher le vaiſſeau du côté où il s'étoit malheureuſement couché. On arrêta long-tems pour le chercher; mais on perdit de vue le lieu où il étoit tombé; & comme la mer étoit forte, il ne reparut point à nos yeux.

Après avoir croiſé les îles Canaries & celles du cap Verd, le 27 Décembre 1764, nous apperçûmes les côtes d'Afrique. Pluſieurs matelots crièrent: Terre! terre! avec ces cris de joie & de raviſſement qu'on éprouve en revoyant le ſoleil à la fin d'une affreuſe tempête. Je demandai au Capitaine quelle terre nous appercevions. — Morelack, c'eſt la Guinée, me dit-il. A ces mots, tout mon ſang treſſaillit dans mes veines, & je brûlai de voir ces beaux climats où mon père a reçu le jour. Je reſtai ſept heures ſur le tillac, ſans que mes yeux puſſent ſe laſſer de contempler les côtes fertiles de ma patrie.

Le lendemain 28, nous doublâmes le cap Corse, & nous prîmes terre à Basalia. Le commandant du vaisseau envoya son lieutenant dans une chaloupe, faire part de son arrivée au roi de cette contrée, lui offrir de l'eau-de-vie en présent, & l'informer qu'il venoit dans ses états charger cinq cents esclaves pour l'Amérique. Quoique je fusse affranchi, il me pria de suivre son lieutenant, & de me charger de plusieurs présens destinés au souverain de cette contrée; lorsque nous fûmes dans son palais, ces présens furent déposés aux pieds du monarque Africain.

Il nous reçut avec dignité, nous accueillit avec orgueil, & nous promit qu'il fourniroit en peu de tems cent fois plus d'esclaves que nous n'en demandions; le lieutenant nous reconduisit à bord, où nous attendîmes paisiblement la réalité des promesses qui avoient été faites au Lieutenant.

CHAPITRE II.

Comment se fait la traite des esclaves ?

LE 29 Décembre, nous entendîmes des bords de la mer le bruit affreux des armes ; nous vîmes le même soir quatre villes qui toute la nuit & les deux jours suivans furent sans interruption devorées par les flammes. Dans le silence & l'horreur d'une nuit éclairée par de si grands feux on entendoit au loin les bruits confus des combattans & les cris affreux des victimes infortunées dont les trois quarts, égorgés ou consumés, ne laissoient après eux qu'un très-petit nombre de prisonniers destinés à porter des fers.

Le capitaine négrier & les gens de son équipage contemploient de sang-froid cet odieux spectacle; Solam & moi nous en gémissions ; son sang étoit si agité qu'il ne put manger un morceau, il répandit quelques larmes, & voyant combien je souffrois, il me dit : More-Lack nous ſommes mal ici, allons nous coucher; nous deſcendîmes dans ſa cabane, il la ferma & m'engagea à paſſer la nuit près de lui, ſous prétexte qu'il étoit malade; j'y conſentis à regret, mais je vis bien qu'il vouloit m'empêcher d'être témoin des meurtres que des chrétiens commettent dans ces belles contrées, pour ſatisfaire leur avidité & charger de chaînes tous ceux qui auroient le triſte bonheur de ſurvivre au maſſacre de leurs familles.

Le 30 Décembre, pluſieurs Africains vinrent à notre bord, nous apprendre que le roi avoit envoyé ſon peuple faire la guerre à ſes voiſins, qu'il avoit été repouſſé avec beaucoup de perte, mais qu'il alloit les attaquer encore, qu'il eſpéroit ſous deux jours nous amener beaucoup de priſonniers; le capitaine répondit que ſur l'eſpoir de cette promeſſe il ne quitteroit pas la côte.

Le jour & les deux nuits ſuivantes, nous vîmes encore des villages conſumés entièrement. Le 2 Janvier, la ville de Seſtro étoit en proie aux flammes les plus ardentes, & elle en fut dévorée le lendemain à dix heures du ſoir.

Le quatre Janvier le tems fut très-beau, mais il n'y eut aucun trafic, parce que nos commettans nous informèrent qu'à la vérité le roi avoit fait brûler trois villes, ſaccager tous les habitans, & mis beaucoup de Nègres à mort; mais qu'ayant été repouſſé par les villes voiſines, dont les peuples les avoient ſecourues contre ſon attente, ſes propres gens avoient été contraints de s'enfuir dans les montagnes, ſans avoir eu le tems d'emmener aſſez de priſonniers pour fournir le nombre d'eſclaves que le capitaine avoit demandés.

Il eſt à propos de remarquer ici, que dans ces combats particuliers, d'après le rapport des Africains qui vinrent à notre bord; il y avoit eu plus de quatre mille hommes mis à mort, & cela pour parvenir ſans ſuccès à nous fournir quatre ou cinq cents priſonniers, tant il eſt vrai que tous les Nègres en général, préfèrent la mort à un eſclavage éternel.

Le capitaine Atkinſon, ne voyant plus d'eſpoir de pouvoir compléter ſa traite ſur cette contrée; fit mettre à la voile le cinq Janvier, & nous partîmes à ſept heures du matin, ſans autre ſuccès que d'avoir porté l'effroi, le meurtre & la déſolation dans ces riches contrées, d'y faire frémir tous les habitans au ſeul nom des Européens, en les conſidérant comme des bourreaux qui viennent les faire égorger juſques dans leurs chaumières, réduire leurs habitations en cendres, charger de chaînes leurs femmes & leurs enfans, leurs frères & leurs pères, pour leur faire ſouffrir l'eſclavage le plus inhumain qui ait jamais exiſté ſur toute la terre depuis deux mille ans.

Ce que je viens de tracer n'eſt encore qu'une foible image des rigueurs cruelles qu'on nous impoſe; nous qu'on appelle des ſauvages, nous plions tranquillement ſous le poids des fers, & nous nous ſoumettons à la férocité de nos perſécuteurs : mais vous qui prétendez être civiliſés, éclairés & favoriſés des connoiſſances ſublimes & ineſtimables d'une religion divine, dont une des premières loix eſt la paix, la douceur, l'amour de vos ſemblables, le pardon des injures, & l'amour même de vos ennemis, pourquoi oubliez-vous de ſi beaux préceptes? cette morale ſi pure & ſi conſolante, n'eſt donc pour vous qu'un jeu d'enfant deſtiné à amuſer vos loiſirs? Elle n'exiſte donc plus dans la pratique, dès qu'elle contrarie vos deſirs ambitieux, & cette cupidité cruelle qui révolte la raiſon, la nature & l'humanité?

Pourquoi faites-vous ſouffrir tous les fléaux de la guerre & de l'eſclavage à une partie innocente des peuples de la terre, qui jamais ne vous ont fait de mal? Nous qui vous avions accueilli dans nos terres avec tous les témoignages de la plus ſincère amitié!

CHAPITRE III.

Massacres sur les bords de la rivière de Gambia.

LE lendemain, nous rencontrâmes le vaisseau le *New-York*, qui revenoit de la rivière de Gambia, où il se fait tous les ans un très-grand commerce d'esclaves. Le commandant y avoit trouvé les mêmes obstacles que nous venions d'éprouver devant la ville de Sestro. Le Roi de Barsally qui gouverne cette contrée, lui avoit promis de lui fournir tous les esclaves qu'il desireroit pour les échanger contre des marchandises d'Europe. Dans cette intention, il avoit envoyé son peuple saccager quelques villes ennemies, avec ordre de prendre & d'enchaîner tous ceux qu'ils pourroient faire prisonniers. Ayant été repoussé plusieurs fois par ses ennemis, il avoit été forcé de se battre en rase campagne; il y avoit eu un carnage horrible qui avoit duré deux jours entiers, & durant tout ce tems, les attaques avoient été si sanguinaires, que quatre mille cinq cents hommes étoient restés morts ou expirans sur le champ de bataille. Le lendemain, on avoit vu le sol ensanglanté couvert de veuves qui venoient y pleurer leurs maris, de mères qui arrosoient de larmes leurs enfans égorgés, & des orphelins qui couvroient de pleurs & de cris les cadavres sanglans de leurs pères.... Le Chirurgien du vaisseau le New-York, témoin de toutes ces désolations, avoit été voir leur champ de bataille, & avoit vu le sol couvert des morts & des agonisans; il nous dit que jamais aucun spectacle ne lui avoit paru aussi affreux, & que, dans toute sa vie, il n'avoit jamais été aussi douloureusement attristé.

O Magistrats! ô souverains de l'Europe! vous qui dormez paisiblement dans vos palais, tandis qu'on nous égorge, vous ignorez toutes ces atrocités; c'est cependant en votre nom qu'elles sont commises sur les côtes d'Afrique. Avant d'avoir vu vos vaisseaux fréquenter nos ports, nous ne connoissions pas l'horreur de ces guerres inteſtines que vos facteurs inhumains viennent tous les ans exciter parmi nous; avant de vous avoir connus, & d'avoir goûté de vos liqueurs meurtrières, nos princes ne ſacrifioient pas le ſang de leurs peuples à votre cupidité, & ne s'empreſſoient pas de maſſacrer leurs propres ſujets pour vous procurer des eſclaves. Hommes penſans, de quelque nation que vous puiſſiez être, vous ne ſavez pas ſans doute comment on s'y prend pour ſatisfaire vos deſirs ! vous ne le ſavez pas : mais je vais vous l'apprendre, non par des paroles, mais en vous citant des faits connus dans toutes nos îles, & que j'oſe défier aucun habitant de déſavouer.

Francis Moor, facteur de la compagnie d'Afrique, arriva dans la rivière de Gambia, pour y faire la traite des Nègres. Il fit annoncer au roi, qu'il étoit entré dans ſes états, pour y charger des eſclaves, & lui envoya en même tems deux barils d'eau-de vie. Le roi lui fit répondre, par le gouverneur Anglois qui réſide au fort Saint-James, que, s'il avoit aſſez de marchandiſes ou de meubles d'Europe, il lui fourniroit très-certainement assez d'esclaves, pour suffire au chargement de son vaisseau. Le traité ayant été accepté, le roi de Barsally donna ordre de saccager deux villes ennemies, & d'en mettre aux fers les malheureux habitans; mais ayant été constamment repoussé, le monarque Nègre, dans son ivresse, avoit ordonné à ses troupes de surprendre une des villes de son pays, & d'enlever, parmi ses propres sujets, dans la nuit, le nombre d'esclaves demandés par le gouverneur de Saint-James.

Le lendemain au matin, on vit arriver trois cents hommes de son propre peuple, qu'on avoit garrotés. Il fit dire au capitaine Anglois, qu'il avoit de quoi completter sa traite, & qu'il eût à lui envoyer, en retour, les meubles & marchandises qu'il lui avoit promis en échange : ce qui fut ponctuellement exécuté.

Avares négocians de l'Europe, vous causez seuls tous nos malheurs, & vous ne cessez de les aggraver par vos barbares traitemens ! C'est vous qui portez à nos princes, cette liqueur fatale qui les prive de leur raison, & les excite, dans leur fureur, à commettre des millions de crimes, pour satisfaire à votre cupidité ! vous ſeuls êtes les vrais auteurs de tant de meurtres & de forfaits ! vos préſens ſont des poiſons qui nous ſont funeſtes ! Si vous ceſſiez de nous les apporter ces liqueurs brûlantes qui nous excitent à la fureur ; ſi vous n'ajoutiez pas à ce crime, le crime plus grand encore de nous acheter comme de vils animaux, toutes ces horreurs ſanguinaires n'exiſteroient plus parmi nous.

N'imaginez pas que je vous en impoſe ; interrogez les capitaines qui font le commerce de nous acheter & de nous vendre, ou plutôt ouvrez le journal même de leurs voyages, & vous ſaurez alors que More-lack vous dit la vérité

CHAPITRE IV.

Voyage d'André Brue sur les côtes du Sénégal.

ANDRÉ Brue, dont j'aurai occasion de parler dans la suite, étoit un homme honnête, humain & doué de beaucoup de connoissances utiles au gouvernement & au commerce maritime. Il aborda à Rufisco dans le Sénégal, sur les états du roi de Cayor appellé Damel, & y paya les droits d'usage que chaque vaisseau étranger donne aux Alkadis pour avoir la permission d'y prendre du bois, de l'eau douce & les autres approvisionnemens d'un vaisseau.

Il parcourut les campagnes des environs, qui lui parurent fertiles, bien cultivées, & beaucoup de prairies couvertes de bœufs & d'autres bestiaux; il visita plusieurs maisons particulières du roi de Cayor, où les gardes Nègres & les surveillants de l'intérieur, le reçurent avec la plus grande distinction.

Il

Il visita le pays des Foulis où règne un empereur nommé Siratik; ce prince instruit de l'arrivée de Brue dans ses états; lui dépêcha un courier pour lui dire qu'il desiroit de le voir. Les comestibles, les marchandises de cette délicieuse contrée, y sont au prix le plus modéré. Un bœuf entier, au rapport des voyageurs & des historiens, n'y coute que trente sols; une chèvre ou un mouton, trois sols; les dents d'éléphans sont à raison de deux liards la livre pesant, & tous les autres objets de commerce en proportion.

Brue ayant avancé avec son vaisseau, jusques au port de Ghiorel, fit jetter l'ancre & tirer trois coups de canon. Le Farba du canton, qui étoit l'oncle du Siratik, vint aussitôt lui faire une visite & lui donna beaucoup de marques d'amitié; le soir même un des fils du Siratik se rendit à son bord, & l'assura que son père avoit la plus grande estime pour les François, & qu'il auroit grand plaisir à le voir. Ce compliment fut accompagné d'un présent de deux bœufs gras, & d'une petite boëte d'or pesant une once.

Le général fit auſſi ſes préſens au prince Africain, & le ſalua de plûſieurs coups de canon ; enſuite ayant fait deſcendre ſes facteurs pour commencer le commerce, il trouva dans le village tant d'avidité pour ſes marchandiſes, que ſes barques furent bientôt chargées de celles du pays.

Le Siratik n'eût pas plutôt appris l'arrivée des François, qu'il fit complimenter Brue par ſon *Bouquenet* ; c'eſt-à-dire, par le grand-maître de ſa maiſon.

Cet officier étoit un vieillard vénérable d'une fort belle taille, ayant la barbe & les cheveux gris ; ce qui marque parmi les Nègres une vieilleſſe fort avancée : mais il n'en paroiſſoit pas moins vigoureux, moins vif & moins poli ; ſon nom étoit *Baba Milé*. Après les premiers complimens, il reçut les préſens accoutumés ; c'étoit des étoffes noires & blanches de coton, quelques pièces de drap & de ſerge écarlate, du corail, de l'ambre jaune, du fer en barre, des chaudrons de cuivre, du ſucre, de l'eau-de-vie, des épiçes, de la vaiſſelle & quelques pièces de monnoie d'argent au coin de Hollande, avec un ſurtout de drap d'écarlate à la manière du Brandebourg, & deux boëtes pour renfermer la partie la plus précieuſe des préſens : le Bouquenet reçut auſſi les droits qui revenoient aux femmes du prince, & qui montoient à la moitié des premiers, ſans oublier ce qui lui revenoit à lui-même.

Le Kamalinge, ou le lieutenant-général du roi, vint recevoir à ſon tour le préſent ou droit annuel qui devoit lui être payé, tous ces droits pouvoient enſemble ſe monter à la ſomme de quinze à dix-huit cents livres. Le Bouquenet offrit au général trois grands bœufs de la part du roi; & l'ayant invité à ſe rendre à la cour, il fit paroître les officiers deſtinés pour le conduire : on avoit déja préparé un grand nombre de chevaux pour les gens de ſa ſuite & des chameaux pour tranſporter ſes bagages.

Le jour ſuivant, Brue prit terre au bruit de ſon canon, & ſe mit en marche pour la cour du Siratik, ſuivi de ſes facteurs, de deux interprètes, de deux trompettes, des hautbois, de ſes domestiques & de douze Nègres libres & bien armés : il traversa un pays uni & bien cultivé, plein de villages & de petits bois. En approchant de Bukar, il découvrit de vastes prairies tellement remplies de toutes sortes de bestiaux, que les guides du général avoient peine à trouver un libre passage ; le convoi ne put arriver à Bukar qu'à l'entrée de la nuit.

Le prince de Siré, à qui le village appartenoit, vint au-devant des François à la tête de trente chevaux. Lorsqu'ils furent près l'un de l'autre, ils mirent pied à terre & s'embrassèrent : ensuite étant remontés à cheval, ils entrèrent dans le village, & ce prince conduisit son hôte dans une maison qu'il avoit fait préparer pour lui, dans le même enclos de l'habitation de ses femmes. Après l'avoir introduit dans son appartement, il le laissa seul un instant ; peu de tems après, le général fut conduit à l'audience de la princesse : ses traits étoient réguliers, ses yeux vifs & bien fendus, sa bouche petite & ses dents très-blanches ; son teint couleur d'olive auroit beaucoup diminué les agrémens de sa figure, si elle n'eût pris soin de la relever avec un peu de rouge

Elle reçut Brue fort civilement, & le remercia de ses présens avec beaucoup de grace; il fit successivement sa visite à deux ou trois autres femmes du prince: après quoi retournant auprès de lui, il fut reconduit à l'heure du souper dans son appartement où il trouva plusieurs plats de kuskus, du sanglet, des fruits & du lait en abondance qui lui étoient envoyés par les femmes du prince. Quoiqu'il se fût fait préparer à souper par son cuisinier, la civilité lui fit goûter de tous les mets Africains.

Vers la fin de ce repas, le prince vint s'asseoir sans cérémonie, mangea du dessert, but plusieurs coups de vin & d'eau-de-vie, & se mit à fumer avec lui, jusqu'à ce qu'on fût venu l'avertir que tout étoit prêt pour le folgar ou le bal. Ils aiment à s'y entretenir agréablement de tout ce qui les intéresse, & cette conversation fait un de leurs plus grands plaisirs.

C'est dans ces cercles qu'on remarque, disent les Voyageurs, l'étendue surprenante de leur mémoire, & combien ils feroient de progrès dans les ſciences, ſi leur eſprit naturel étoit cultivé par l'étude.

Le lendemain, le prince accompagna Brue pour ſe rendre au palais du roi, qui eſt à une demi-lieue du village de Gumel. La demeure de ce prince eſt compoſée d'un grand nombre de cabanes qui ſont environnées d'un enclos de roſeaux verts, entrelacés & défendus par des haies vives d'épines noires, & ſi ſerrées, que le paſſage en eſt impoſſible aux bêtes fauves. Le roi, informé de l'approche du général, envoya les principaux ſeigneurs de ſa cour au-devant de lui; de ſorte qu'en arrivant au palais, ſon train étoit d'environ trois cents chevaux. Tout ce cortège deſcendit à la première porte, excepté le général, le prince de Siré, & le kamalinge qui entrèrent à cheval, & ne mirent pied à terre qu'à deux pas de la ſalle d'audience.

Brue trouva le Siratik aſſis ſur un lit avec quelques-unes de ſes femmes qui étoient à terre ſur des nattes. Ce prince ſe leva, fit quelques pas au-devant de lui la tête découverte, lui donna plusieurs fois la main, & le fit asseoir à ses côtés.

On appella un interprète. Alors Brue déclara qu'il étoit venu pour renouveller l'alliance qui subsistoit depuis un tems immémorial entre le Siratik & la compagnie Françoise. Il fit valoir les avantages que le Prince pouvoit espérer de cet heureux commerce ; & pour conclusion l'assura de ses sentimens particuliers de respect & de zèle. Pendant que l'interprète expliquoit ce discours, Brue observa que la satisfaction du Siratik s'exprimoit sur son visage. Il prit plusieurs fois la main du général pour la presser contre sa poitrine. Ses femmes & ses courtisans répétoient avec la même joie : *Les François sont une bonne nation : ils sont nos amis.*

Le Siratik répondit au général d'un ton fort civil, qu'il lui rendoit graces d'être venu de si loin pour le voir ; qu'il avoit une véritable affection pour sa compagnie & pour sa personne en particulier ; qu'il lui accordoit la liberté d'établir des comptoirs dans toute l'étendue de ses états, & même d'y bâtir des forts pour leur sûreté. Il combla le général de careſſes, le fit fumer dans ſa propre pipe, & le reconduiſit lui-même juſqu'à la porte de la ſalle.

Deux officiers qui étoient à l'attendre le menèrent enſuite à l'audience des reines & des princeſſes filles du roi; il fit à toutes ces dames des préſens moins conſidérables par le prix que par l'agrément & la nouveauté.

Une des reines ayant obſervé que, pendant l'audience du Siratik, Brue avoit regardé avec beaucoup d'attention une princeſſe de dix-ſept ans qui étoit ſa fille, s'imagina qu'il avoit pris de l'amour pour elle, & propoſa au roi de la lui donner en mariage. Ce prince y conſentit, & fit offrir à André Brue (qu'il avoit connu depuis long-tems & pour lequel il avoit une tendre affection) de lui donner les premiers poſtes de ſon royaume avec un grand nombre d'eſclaves, s'il vouloit reſter avec lui. Brue s'excuſa ſur ce qu'étant marié, ſa religion ne lui permettoit d'avoir qu'une femme. Les princeſſes répondirent que les femmes d'Europe étoient bien heureuſes; elles demandèrent naïvement à

Brue comment il pouvoit vivre si long-tems séparé de la sienne, & ce qu'il pensoit de sa fidélité durant son absence.

Le lendemain, le Siratik se rendit à la salle d'audience, pour y administrer la justice à ses sujets. Brue, curieux d'assister à ce nouveau spectacle, obtint d'être placé dans un lieu d'où il pouvoit tout voir sans être apperçu. Il trouva le Siratik environné de dix vieillards qui écoutoient les parties séparément, & qui lui rapportoient ce qu'ils avoient entendu; après quoi ce prince, sur l'avis des mêmes conseillers, prononçoit la décision: elle étoit exécutée sur le champ. Chacun plaidoit sa propre cause, sans avocat ni procureur; dans les causes civiles, il revient un tiers de dommages au roi.

Il y a peu de crimes parmi les Nègres. Le meurtre & la trahison sont les seuls qui soient punis de mort: la punition ordinaire est le bannissement pour les autres crimes; c'est-à-dire que le roi vend les coupables à la compagnie, & dispose de leurs effets à son gré.

Quoique ce canton ne soit pas le plus fertile

du pays, la culture y fait régner l'abondance, les habitans en sont beaucoup plus industrieux que le commun des Nègrès; ils font un commerce considérable avec les Mores du désert. Ils aiment la chasse, & l'exercent avec beaucoup d'habileté: ils se servent fort adroitement du sabre, de la zagaie, de l'arc & des flèches; & ceux qui ont appris des François l'usage des armes à feu, s'en servent avec une adresse surprenante. Ils ont l'esprit plus vif que les Jalofs, & leurs manières sont plus civiles. Ils aiment la musique, & jouent de plusieurs instrumens; leur symphonie n'est pas sans agrément: ils ont aussi beaucoup d'inclination pour la danse, sur-tc [illegible] au retour du travail des champs, ou d'une chasse fatigante

Brue assista aussi à une chasse au lion que le roi poursuivit en personne. Les chasseurs l'attaquèrent; il se défendit avec tout le courage qu'il a reçu de la nature; il tua deux Nègres, en blessa dangereusement un troisième, qu'il auroit achevé si, par le coup le plus heureux, un des Laptos ne l'eût tué sur le champ. Il fut porté au palais comme en triomphe, & le roi fit présent de sa peau au général Brue. C'étoit un des plus grands lions qu'on eût jamais vus dans le pays.

La suite du voyage de Brue dans le Sénégal, annonce qu'il a observé par-tout des peuples civilisés, laborieux, cultivateurs & commerçans dans toutes les productions de leurs pays; des hommes spirituels, capables d'acquérir toutes les connoissances européennes, & si bien organisés, qu'ils réussissent parfaitement dans tout ce qu'ils entreprennent. On remarque enfin dans leurs établissemens, leurs loix, leur justice, & jusques dans leurs plaisirs, une sagesse & une pénétration qui ont toujours surpris les Européens, sur-tout ceux qui, trompés par les fausses relations des colons Américains, ne s'attendoient à trouver parmi eux que des êtres brutes ou des animaux destitués de jugement & de raison.

J'ai cru nécessaire de rapporter les observations de cet illustre voyageur, sur cette grande partie d'Afrique où l'on fait un commerce immense d'esclaves, afin d'exposer au grand jour les calomnies que nous leur imputons sans autre fondement que celui de justifier notre tyrannie, & pour faire voir à leurs oppresseurs que s'ils ont perdu la raison ou s'ils sont destitués de sentiment dans nos îles, c'est une suite naturelle des horreurs de l'esclavage & des traitemens barbares qui énervent le corps, détruisent les organes, avilissent l'ame, & étouffent quelquefois dans l'homme les plus belles fonctions de son être.

Ce chapitre n'est presqu'entiérement qu'une copie littérale extraite des voyages de Brue, telle qu'elle a été publiée par M. de la Harpe. Comme elle faisoit partie des mémoires du More-Lack; que ses détails étoient parfaitement d'accord avec tous les faits annoncés par notre savant Académicien; que Brue les avoit rendus d'une manière prolixe, & qu'il faisoit par-tout sentir avec une affectation exagérée le contraste de la douceur, l'affabilité & le génie du prince & des peuples de sa nation, avec l'ingratitude dont nous avons payé leurs bienfaits.... J'ai préféré de ſupprimer des répétitions & des exclamations ennuyeuſes, pour ſuivre l'exacte narration d'un auteur eſtimable, célèbre par beaucoup d'ouvrages intéreſſans qui lui ont acquis une réputation diſtinguée.

Je continue maintenant les extraits du More-Lack.

CHAPITRE V.

Les voleurs d'enfans.

MALGRÉ la calomnie & les préjugés injuſtes qui veulent nous ſéparer de l'eſpèce humaine; ô Européens, nous ſommes des hommes faits comme vous, ſujets aux mêmes paſſions & aux mêmes foibleſſes, doués des mêmes organes, des mêmes facultés, & poſſédant une ame ſenſible, réfléchie & intelligente; nous ſommes vos frères, vos égaux, vos amis, & nous n'ignorons pas qu'il exiſte encore ſur la terre des hommes juſtes & vertueux qui gémiſſent des malheurs de notre exiſtence, & en ont ſouvent publié les témoignages les plus frappans. Jonh Hume, Whitefield, Adanſon, William Smith, la Reine Elizabeth, Monteſquiou, Louis XIII & l'Impératrice des Ruſſies ſont des noms chéris qui ont fait ſouvent treſſaillir nos ames. Dans le faſte des cours, ils ont oſé former des vœux en notre faveur; & dans le ſein même de vos tribunaux, ces grands hommes ont fait retentir leurs voix pour faire adoucir nos malheurs. Quoique nos maîtres barbares cherchent à nous le cacher, il n'eſt pas un de nous qui l'ignore, dès qu'il eſt homme; & les noms immortels de nos protecteurs bienfaiſans ſont ſi bien gravés dans nos cœurs, qu'ils n'auroient pas beſoin du ſecours des livres ou de l'hiſtoire pour être tranſmis à la poſtérité du père aux enfans.

Nous ſavons auſſi qu'il ſe forme de toutes parts des ſociétés philantropiques qui, par leurs écrits, leurs démarches & leurs généreux ſecours, tentent tous les moyens qui leur paroiſſent propres à nous rendre à la vie & au vrai bonheur; s'ils avoient vus comme moi toutes les barbaries des facteurs Européens & les traitemens des colons Américains, ils auroient écrit & parlé bien différemment encore.

Leurs exemples de cruauté, poussés à leur comble, sont parvenus, à l'aide des présens & des promesses, à corrompre & séduire plusieurs de nos habitans. Ils emploient les mauvais sujets qui se trouvent souvent sur nos côtes à faire usage de toutes les voies de l'intrigue, de la finesse & de la trahison, pour enlever des Nègres à leurs familles, les attirer dans les ports & les vendre furtivement sans qu'ils s'en doutent. Le voleur disparoît un instant. Le Nègre vendu le cherche; il est arrêté par les Anglois comme esclave : il a beau s'écrier qu'il est libre; personne ne prend son parti, dès qu'on voit le traité passé par écrit entre le Capitaine & le marchand qui l'a vendu frauduleusement.

Il n'est point de ruses que ces détestables courtiers ne mettent en usage pour voler des enfans à leurs pères, & les livrer aux capitaines négriers.

Tandis que leurs parens sont occupés à la

garde des bleds & du ſoin des moiſſons, ces malheureux attirent les enfans en leur offrant des jeux, des fruits, des petits couteaux ou d'autres amorces flatteuſes ; & lorſqu'ils ſont écartés des habitations, ils leur mettent un mouchoir ſur la bouche, & les enlèvent pour les précipiter tous vivans au fond de vos vaiſſeaux, en les abîmant de coups, ou leur ſerrant leurs petites jambes avec beaucoup de force, lorſqu'ils font le moindre mouvement pour ſe débattre ou s'enfuir. Afin de n'être pas découverts, ils ne marchent que la nuit; & par des chemins détournés, ils les conduiſent juſques au port où les vaiſſeaux Européens ſont en rade : d'autres s'y prennent plus adroitement encore. Comme l'opprobre, la honte & la vengeance publique puniroient ces infâmes brigands, afin de ſe ſouſtraire à la fureur des habitans, & continuer ce commerce à l'abri de tous les dangers dont ils ſeroient bientôt les victimes, ils portent ordinairement avec eux une certaine quantité d'étoffes & de bijoux d'Europe : ils vont juſques à ſix ou ſept cents milles dans l'intérieur

térieur des terres chez plusieurs princes de nos voisins : lorsqu'ils en ont l'occasion ils les vendent avec bénéfice ; mais ils ne vendent jamais la totalité, afin de pouvoir justifier qu'ils sont des marchands.

Ils dirigent leur marche vers les lieux écartés où ils espèrent pouvoir enlever des enfans ; & lorsqu'ils les ont attirés adroitement vers l'endroit isolé où leur associé les attend avec le petit chariot couvert qui porte leurs marchandises, ils ferment la bouche à ces petits infortunés avec un morceau de toile bien serrée, leur donnent cinq ou six soufflets vigoureusement appliqués sur les oreilles pour les étourdir, & les jettent dans cet état au fond de leur petit chariot, avec menace de les tuer, s'ils font le moindre mouvement. Ces innocentes victimes, anéanties des coups qu'elles ont reçus & de la frayeur qu'on leur inspire, restent immobiles les unes couchées sur les autres, & sont ainsi conduites sans être apperçues jusques aux vaisseaux négriers. Qui croiroit que de telles actions sont tolérées, encouragées & récompensées par des Européens ?

Qui croiroit enfin que nos princes ne se font presque plus la guerre entr'eux, que lorsqu'ils ont l'espoir de vendre leurs prisonniers à des capitaines Américains, François, Anglois, &c? C'est à la suite de ces expéditions sanguinaires où tant de malheureux sont massacrés, que le petit nombre des prisonniers sont conduits dans les villes les plus prochaines. C'est dans des *truncks*, qui sont des salles de putréfaction où, crainte de les voir s'enfuir, on les tient renfermés nuit & jour; qu'ils sont obligés de confondre tous leurs excrémens: c'est-là qu'on éprouve ces odeurs infectes qui font évanouir les Européens qui y entrent seulement un quart-d'heure, & qu'on fait subir aux malheureux qu'on y retient jusques à leur départ un supplice continuel qui épuise en peu de jours leur santé & leur vigueur.

C'est dans ces lieux d'horreur & de consternation où sont exposés en vente les Nègres destinés à la traite; c'est-à-dire à être vendus au plus offrant, à être mis à la chaîne, & à se voir condamnés à l'esclavage pour le reste de leurs jours dans les Indes ou en Amérique. C'eſt dans ces marchés affreux, où nos pères, nos femmes, nos vieillards, nos enfans, nus comme des vers, ſont vendus aux Européens, comme on vend en France un cheval, un bœuf, un âne ou des agneaux deſtinés à être égorgés pour la nourriture humaine; c'eſt-là que, ſous de ſimples hangards, on voit mille créatures ſenſibles, dépouillées de tous vêtemens, dévorées par le déſeſpoir, ſe fondre en larmes, implorer vainement votre pitié, ſans obtenir un ſoupir, expoſées au contraire à des railleries brutales & groſſières, ſans éprouver d'autre adouciſſement à leurs douleurs cruelles, que la certitude d'être bientôt vendues pour porter vos chaînes, & arroſer l'Amérique de leurs ſueurs, de leurs larmes, & ſouvent à répandre leur ſang dans les tourmens d'une mort lente & prématurée.

CHAPITRE VI.

Tranſport des eſclaves. Viſite des chirurgiens.

LORSQUE les facteurs ou capitaines Européens ont déterminé le nombre des eſclaves qui leur eſt néceſſaire, & fixé le prix ou les marchandiſes qu'ils veulent donner en échange, les officiers du roi, chargés de les faire garder, les font enchaîner deux à deux, & conduire à leurs frais juſques à la côte où les vaiſſeaux qui les ont achetés ſont en rade.

Ces pauvres eſclaves, arrivés ſur les côtes de la mer où les facteurs Européens les attendent, pour éviter la dépenſe de les nourrir à terre, ſont expoſés par le facteur Nègre aux yeux de tous les Blancs, & ſans aucune diſtinction d'âge ni de ſexe, nous ſommes obligés alors de ſouffrir encore la viſite cruelle des chirurgiens & des chefs du vaiſſeau, Durant leurs obſervations, tandis que nos cœurs ſont déchirés de nouveau par le déſeſpoir le plus accablant, & ſur-tout par l'idée affreuſe & naturelle qu'on n'examine ſi nous ſommes ſains & bien portans, qu'afin de nous deſtiner à être égorgés & mangés par les blancs, nous avons encore à eſſuyer des inſultes groſſières, des railleries indécentes, & des frayeurs cruelles, qui s'augmentent ſur-tout lorſqu'on palpe nos chairs pour voir ſi nous ſommes gras, de la même manière que nous examinons un veau ou un mouton dans nos marchés publics.

Quand vos chirurgiens nous ont attentivement examinés, ceux d'entre nous qu'ils jugent ſains, agiles, robuſtes & bien conſtitués, ils les approuvent comme bons, les reçoivent au compte du capitaine; &, ainſi que des chevaux ou des bœufs, il les fait auſſi-tôt marquer avec un fer brûlant, qui imprime ſur leurs épaules ou leur poitrine, les lettres initiales du nom du vaiſſeau ou du commandant qui les a achetés Auſſi-tôt, enchaînés deux à deux, nous ſommes conduits au fond du navire, qui, durant deux ou trois mois, doit nous ſervir de priſon, & ſouvent de tombeau.

Mais le tranſport des eſclaves depuis la côte juſques au vaiſſeau ne pouvant s'exécuter que par les voyages multipliés des chaloupes, le déſeſpoir qui nous accable porte ſouvent quelques-uns de nous à tromper la vigilance des gardes qui les environnent, & à ſauter du canot dans la mer. Beaucoup de Nègres ont ſouvent préféré de reſter au fond des flots, juſqu'à ce que l'eau les étouffât, plutôt que de ſe ſauver juſqu'à terre à la nage, dans la crainte qu'étant repris, ils ne fuſſent traités plus rigoureuſement encore. Dans la dernière traite que le capitaine Philipps a faite en Guinée chez le roi de Juida, il perdit douze Nègres qui ſe noyèrent volontairement dans la mer, ſans qu'on les ait jamais vus reparoître: tant eſt forte leur averſion naturelle pour l'eſclavage.

Cependant comme ils ſont ſurveillés de près, le plus grand nombre arrive ordinairement dans le vaiſſeau, & ſont auſſi-tôt deſcendus à fond de cale. C'eſt-là que cinq ou ſix cents malheureux, entassés pêle & mêle dans un espace très-resserré, ne voyent la lumière que par l'ouverture des écoutilles, respirent nuit & jour un air pestiféré qui, n'étant jamais renouvellé, reste sans cesse corrompu par le séjour constant des exhalaisons humaines, des alimens qu'on nous donne & des excrémens qui y séjournent : du mêlange de toutes ces exhalaisons putrides résulte une infection douloureuse qui corrompt notre sang & nous donne une foule de maladies inflammatoires qui font périr le quart & quelquefois le tiers de tous les esclaves dans le seul espace de deux mois ou deux mois & demi que dure ordinairement la traversée.

O mon cher lecteur, soit que le destin t'ait placé une couronne sur la tête ou une bêche à la main, rentre au fond de ton cœur, & jette un coup-d'œil sur la triste situation où tes facteurs Européens nous plongent depuis si long-tems ! Tandis que tu lis cet ouvrage, songe que dans ce même instant tes capitaines négriers exécutent dans ma patrie toutes les horreurs que je viens de peindre; que c'eſt en ton nom & ſous le régime de tes loix, qu'ils commettent ſans remords une foule de crimes atroces!

Examine-toi-même s'il peut exiſter jamais un ſort plus affreux & une condition plus miſérable que celle que la cupidité nous fait éprouver nuit & jour dans les horreurs de l'eſclavage! oſe élever ta voix, & faire rougir au moins une fois nos impitoyables bourreaux!

Européens éclairés, ne croyez pas aux fables que ces hommes dénaturés vous débitent froidement en Europe pour cacher leurs forfaits; gardez vous d'ajouter foi à leurs calomnies, lorſqu'ils prétendent que nous ſommes des animaux privés de ſentiment & de raiſon : la ſeule relation des voyages de Brue & de pluſieurs autres navigateurs ſincères, témoignages confirmés par tous les obſervateurs & voyageurs impartiaux, vous prouvent évidemment le contraire. Sachez qu'il n'en eſt pas un ſeul de tous ceux que vous arrachez à notre patrie qui n'ait quelque tendre attachement de cœur que vous avez rompu; pas un enfant, qui ne regrette douloureusement ses parens ou son père; point de femme, qui ne pleure une mère, une sœur, une amie; point d'homme, qui ne dévore au fond de son cœur ulcéré le désespoir des tendres liens que vous avez brisés par une séparation violente & cruelle; oui, j'ose vous le dire avec franchise, il n'est pas un de vos esclaves qui, dans la vérité de son cœur, ne vous regarde comme des bourreaux homicides qui massacrez & foulez sous vos pieds tous les sentimens les plus doux de la nature.

Hommes cruels & implacables, si vous saviez lire au fond de nos ames, & que nos justes plaintes ne fussent pas réduites au silence le plus rigoureux ou punies des plus terribles châtimens; là, vous verriez un père expirant qui vous diroit : Tu m'as séparé d'un troupeau d'enfans encore jeunes que mon travail nourrissoit, & qui vont périr de faim & de misère. Plus bas, vous trouveriez une mère au désespoir que vous avez arrachée des bras d'un époux ou d'une fille chérie qui touchoit au moment de se marier. Plus loin, de jeunes enfans dérobés à leurs familles qui, en verſant des torrens de larmes entrecoupées de ſanglots, s'écrient : *Paou, paou, bulla :* (*Mon père, mon père donne-moi ta main.*) A côté d'eux, une jeune fille conſternée qui pleure la tendreſſe d'une mère ou d'un amant dont elle étoit ſincérement aimée : par-tout des créatures déſolées de n'avoir pas eu la triſte conſolation de mêler leurs larmes à celles de leurs pères ou de leurs parens en les quittant pour jamais ; dans tous les cœurs vous trouveriez enfin la honte & l'indignation concentrées, capables de toutes les extrémités où le déſeſpoir peut porter.

Il eſt vrai que, ſur vos vaiſſeaux, les moindres murmures & la plus légère déſobéiſſance y ſont punies avec la dernière rigueur. Lorſque le capitaine Philipps eut fini le chargement de ſes Nègres d'Afrique, il y en eut beaucoup qui refusèrent de manger, dans l'eſpoir de finir leurs tourmens par une mort plus prompte. Quelques officiers du vaiſſeau conſeillèrent au capitaine de faire couper les bras & les jambes aux plus entêtés, afin d'effrayer tous les autres.

Ce commandant humain refusa de le faire, disant: *Ils sont bien assez malheureux, sans leur faire souffrir encore des supplices aussi cruels.* C'est avec joie que je rends justice à cet homme honnête, en publiant sa générosité: mais c'est avec douleur que je suis réduit à ne connoître que lui qui ait eu cette humanité, & à déclarer ici, que plus de cent facteurs ont fait subir cet horrible tourment à beaucoup de Nègres, sur le seul refus de manger. Ce supplice est certainement plus douloureux sur des êtres vivans, que celui d'être rompu en Europe, où les criminels sont ordinairement étranglés avant d'être frappés. Il s'exécute sur mer avec une barre de fer, dont les coups réitérés brisent en plusieurs endroits les bras & les jambes des Nègres tout-vifs: dans la violence des douleurs qu'ils éprouvent, ils poussent des cris effroyables qui répandent l'effroi & la consternation parmi tous les Nègres enchaînés, & les obligent à faire de force (dans la crainte de subir le même traitement) ce qu'ils refusoient avec autant de raison que de force.

Lorſque, ſur chacun de vos vaiſſeaux, vous retenez quatre ou cinq cents eſclaves entaſſés, malades ou mourans, penſez-vous que tous vos forfaits ſoient oubliés en Guinée ?... N'y comptez pas; je le ſais mieux que vous ; car j'y ai vécu long-tems.... Je ne crains pas de vous dire que la frayeur & des preſſentimens douloureux s'emparent de toutes nos ames, à la ſeule approche d'un de vos vaiſſeaux.... Nous ſavons qu'en retour de quelques bagatelles d'Europe, vous portez tous les ans des fers & l'eſclavage le plus rigoureux à cent mille de nos habitans.... Votre ſeule arrivée nous annonce que beaucoup de nos parens, de nos enfans & de nos amis, ſeront bientôt égorgés ſur nos terres pour ſatisfaire à votre cupidité barbare, & que nous n'avons à eſpérer de vous que des ourmens, la miſère & une mort prochaine.... Votre préſence dans nos climats eſt un coup de poignard dans le cœur de toutes nos mères.

C'eſt de vous, Européens, que nos princes ont appris l'art de ſaccager leurs propres ſujets, & de les enchaîner pour vous les vendre. Il n'eſt aucun Nègre d'Afrique qui ne tremble de tomber un jour dans vos fers, & d'être la triſte victime du plus cruel eſclavage qui ait jamais exiſté ſur la terre. Examinons à préſent comment vous nous traitez, lorſque nous ſommes en pleine mer!

CHAPITRE VII.

Traite du Vaisseau Amiral Oglès Squadron, publiée par John Atkins.

LE plus grand crime dont nous puissions être coupables aux yeux de nos oppresseurs, c'est lorsque nous cherchons, par le plus léger artifice, à recouvrer une liberté à laquelle nous n'avons jamais renoncé; lorsqu'on a pu nous supposer seulement la plus légère idée de vouloir échapper aux rigueurs de l'esclavage, il n'est point de tourmens, de supplices & de tortures cruelles qu'on ne mette en usage pour nous en punir.

Un simple soupçon a toujours suffi pour nous condamner à la mort; il n'est jamais question de procédure ni d'instruction. Sans nous entendre, souvent même sans nous dire un mot, un signal du capitaine ou de son lieutenant a décidé notre supplice, & précipité dans les plus horribles douleurs un nombre infini de victimes infortunées qui ont été martyrisées avec la dernière cruauté.

Lecteurs honnêtes & compatissans, tout ce que j'ai à vous dire est si révoltant, que je sens bien que vous ne me croirez pas, si je ne vous cite des personnages connus, & des faits positifs faciles à éclaircir. En voici deux ou trois que vous pourrez vérifier.

Le premier a été vu, écrit & publié par John Atkins, chirurgien à bord du vaisseau amiral *Oglès Squadron*, chargé de Nègres de Guinée. John Harding qui le commandoit, à son retour d'Afrique, s'apperçut que plusieurs esclaves se parloient souvent à l'oreille; que plusieurs femmes avoient l'air d'être dans leurs secrets; il s'imagina enfin que quelques-uns de ses Noirs avoient dessein de recouvrer leur liberté. (Mais comment des gens enchaînés, qu'on surveille sans cesse, peuvent-ils rompre leurs fers sans être apperçus ? Comment peuvent-ils vouloir s'emparer d'un vaisseau dont ils ignorent absolument les manœuvres & la conduite ? Quand même ils auroient eu leur liberté, qu'auroient-ils pu faire en pleine mer ?) Toutes ces considérations ne furent d'aucun poids ; le Capitaine Harding, de sa seule autorité privée, sans examen, sans autre jugement que sa volonté, en condamna sur le champ deux à la mort. Il commença l'exécution par en faire tuer un qu'il désigna de la main : il fut égorgé devant tous ses frères ; il lui fit ensuite arracher le cœur, le foie & les entrailles qui furent répandus par terre. On coupa son cœur & son foie encore palpitant, en trois cents morceaux, & il obligea, par les menaces les plus effroyables, chacun des autres esclaves de manger un morceau de ce cœur déchiré & ensanglanté de leur camarade, leur jurant, par les sermens les plus affreux, qu'il feroit subir le même supplice à tous ceux qui refuseroient d'en manger. Cette crainte les y obligea tous (*a*).

Harding ne fut pas satisfait de cette première

(*a*) Voyez les Voyages de Guinée & du Sénégal par le Capitaine John Harding en 1724.

expédition :

expédition : pour que sa vengeance fût plus éclatante, il désigna une femme dont il étoit mécontent ; il la fit attacher avec des cordes par les deux pouces, & suspendre à un mât jusqu'à ce que ses pieds eussent perdu terre. On lui enleva quelques haillons qui la couvroient, & on la fouetta d'abord jusqu'à ce que le sang coulât de plusieurs côtés. Ensuite avec des couteaux très-tranchans, il lui fit découper la peau, & enlever sur tout son corps plus de cent morceaux de chair devant tous les autres esclaves, jusqu'à ce que ses os fussent à découvert, & qu'elle eût expiré dans les plus cruelles douleurs.

O barbarie ! ô férocité humaines ! tout mon sang se glace d'horreur & d'effroi. Ce vaisseau, venu des Isles Barbades, avoit fait son chargement de Nègres en Guinée, dans la rivière de Gambia, en 1724 ; & ces actes de cruauté sont tellement connus des peuples mêmes de ma patrie, qu'on me l'a racontée dans le pays, avec tous les détails les plus circonstanciés. Aussi les Nègres de Guinée, qui croient généralement que c'eſt l'uſage ordinaire des vaiſſeaux des Iſles Barbades, aiment mieux ſe précipiter dans la mer que d'être embarqués pour cette deſtination.

Long-tems après cette exécution ſanguinaire, je rencontrai le Capitaine Harding; il dînoit paiſiblement dans une habitation, & parloit fort tranquillement de tous ſes voyages. On lui de manda quel ſuccès avoit eu ſa traite de 1724: — Mauvaiſe année, répondit-il : j'ai perdu beaucoup d'eſclaves dans la traverſée, parce que la plus grande partie refuſoient de manger à mon bord. Ces méchantes créatures furent ſi effrayées du ſupplice que j'avois fait ſouffrir à un Nègre & à une Négreſſe, qu'ils préféroient de ſe laiſſer mourir de faim & de ſoif, plutôt que d'aller avec moi aux Iſles Barbades.

On lui demanda quel parti il avoit pris pour les obliger à prendre des alimens. — Le moyen le plus sûr & le plus facile (répondit-il) Tous ceux qui refuſoient encore de manger, je les faiſois monter ſur le pont; j'ordonnois à mes valets d'en mettre un à mort, de le couper en cinquante morceaux; & je forçois à grands coups tous les entêtés à manger la chair ſanglante & chaude de leur camarade, en leur jurant d'une manière à les perſuader, que le premier qui le refuſeroit ſeroit coupé tout vivant par lambeaux, & mangé par ſes camarades. Le plus heureux ſuccès me favoriſa : tous mangèrent en rechîgnant leur ami avec les grimaces les plus plaiſantes & les plus riſibles ; & depuis ce moment, aucun n'a refuſé des alimens que je faiſois diſtribuer chaque jour.

O comble d'horreur & de férocité, m'écriois-je tout bas, & c'eſt un homme qui parle ainſi de ſes ſemblables !... Européens honnêtes qui verſez peut-être des larmes d'indignation & de ſenſibilité, c'eſt ſur votre propre ouvrage que vous pleurez ; car vos loix de ſang ſubſiſtent encore ; & peut-être dans cet inſtant elles s'exécutent avec la même rigueur. Voilà des faits poſitifs ; ils ſont connus de tous vos traitans : s'ils oſent le déſavouer, ouvrez leurs journaux.... liſez les Voyages de John Atkins (*a*), & vous y verrez non-ſeulement les traits que je viens de vous annoncer, & mille autres faits d'une rigueur ſemblable, vous y trouverez auſſi conſigné le trait de ce Capitaine Négrier qui, réveillé par les cris d'un jeune enfant qui ſouffroit auprès de ſa mère expirante, ſe leva & battit la mère & l'enfant pour le faire taire. La pauvre femme ſupplioit le Capitaine de lui pardonner; elle ſe mit à ſes genoux, baiſa ſes pieds, fondit en larmes pour l'appaiſer, mais en vain.... Le barbare, déſolé de ne pouvoir faire taire ſon enfant, l'arracha des bras de ſa mère, le prit par une jambe, le jetta tout vivant dans la mer, & puis alla ſe coucher tranquillement, & dormit.

O nos amis d'Europe, tels ſont avec vérité les traitemens qu'on nous fait ſouffrir & qu'on vous cache. Serez-vous toujours nos tyrans cruels, tandis que vous pouvez être nos protecteurs bienfaiſans? Nous ſommes cependant

---

(*a*) Voyages de Guinée, par John Atkins.

conçus & nés comme vous dans le corps d'une femme ; elle nous a portés neuf mois dans ſon ſein, nous a mis au jour avec les mêmes dangers & les mêmes douleurs que vos femmes d'Europe, nous a allaités de ſon lait, & élevés avec la même tendreſſe que vos mères ; ne ſommes-nous pas des hommes ainſi que vous ?.... N'eſt-ce pas le même créateur qui nous a tous formés.... la même terre qui nous porte & qui nous nourrit.... le même ſoleil qui nous éclaire.... le même père de l'univers que nous adorons tous ? N'avons-nous pas comme vous, un cœur, une âme, les mêmes ſentimens d'affection, de tendreſſe & d'humanité ? Si vous oſez en douter, rappellez-vous l'accueil fraternel que vous avez reçu parmi nous, lorſque vous parûtes dans nos contrées le ſiècle dernier, & que nous ignorions encore le ſort & l'affreuſe deſtination à laquelle vous nous réſerviez !... Parce que la couleur de notre peau n'eſt pas ſemblable à la vôtre, eſt-ce un titre légitime pour nous faire maſſacrer, pour enlever nos femmes, voler nos enfans, enchaîner nos pères, & nous faire souffrir sur terre & sur mer les cruautés les plus odieuses ? Vos chiens & vos animaux domestiques sont beaucoup mieux traités que nous ; combien de fois n'avons-nous pas envié leur sort !

Lisez l'histoire de tous les peuples & de toutes les nations de la terre ! Dans aucun empire ni dans aucun siècle, même des plus barbares, vous n'y trouverez point d'exemples d'une férocité aussi réfléchie & aussi constante. Dans un tems où la saine philosophie, & les connoissances les plus étendues, viennent éclairer l'Europe par les découvertes les plus sublimes ;... pourquoi faut-il que vous soyez encore l'effroi des Africains, l'horreur de vos semblables & les plus cruels persécuteurs du genre humain ? Oui, croyez-en l'intrépide More-Lack ; je ne suis pas le seul Nègre doué d'une ame sensible & courageuse : faites oublier tant de cruautés, en donnant à toute la terre l'exemple de l'humanité & de la bienfaisance ! rendez-nous libres ! brisez nos fers !... Rendez notre condition supportable, & soyez sûrs que vous serez mieux ſervis par des affranchis qui vous chériront comme leurs pères, que par des eſclaves qui vous déteſtent comme leurs bourreaux !

Et toi, Peuple Anglois, qui te félicites tant d'être généreux & libre, de quel œil pourras-tu envisager la mort violente & prématurée de plus de dix millions de Nègres que tu as enlevés à l'Afrique depuis près de deux cents ans ? Si tu ne peux tout-à-coup abolir des cruautés auſſi révoltantes, pourquoi donnes-tu le commandement des vaiſſeaux négriers à des monſtres impitoyables qui nous entaſſent les uns ſur les autres, ſe plaiſent à déchirer nos corps à coups de couteau, & ſur un ſimple ſoupçon, ſans preuves, nous condamnent aux ſupplices les plus cruels !...

Pourquoi les établis-tu les ſouverains arbitres de notre vie & de notre mort, & ne punis-tu pas des bourreaux mercenaires dont les forfaits multipliés ne peuvent être rapportés ſans honte & ſans horreur ? Songe que tu as tout ſacrifié pour conſerver cette liberté ſi chère à tous les cœurs ! Par quel injuſte contraſte prétends-tu nous ravir la nôtre, & imposer des chaînes & des supplices affreux à une si grande portion des habitans de la terre ? Quel compte rendras-tu au souverain Juge de l'univers d'une conduite aussi criminelle ?... Oui, n'en doutez pas, Européens, ce glaive de la justice ne vous a été confié que pour punir les crimes & récompenser la vertu ; au lieu de l'employer à un si noble usage, vous autorisez les meurtres, les brigandages & les assassinats par des loix de carnage & de sang ; vous n'ignorez cependant pas que celui qui protège l'homicide est aussi coupable que celui qui l'exécute, puisque, sans les ordres d'un peuple souverain & l'autorité de ses arrêts, jamais des facteurs n'auroient osé pousser si loin leurs cruautés contre l'espèce humaine.

Princes, Magistrats & Citoyens de tous les Empires, nous implorons votre clémence & vos bienfaits ; & c'est au jugement de toutes les ames sensibles & vertueuses qui n'ont pas encore été endurcies par ce commerce infâme, que nous confions notre cause.

CHAPITRE VIII.

Calcul des Nègres enlevés à l'Afrique.

POUR apprécier ſainement leur conduite, voyons l'hiſtoire de vos Navigateurs, & examinons les journaux même des Amirautés & des vaiſſeaux négriers, pour calculer exactement le nombre des victimes que vous enlevez tous les ans ſur les ſeules terres d'Afrique.

Le meilleur ouvrage que nous ayons à ce ſujet, c'eſt le Journal de la ville de Liverpool; (*the Liverpool memorandum Book*). C'eſt de tous les ports d'Angleterre celui qui fait le plus grand commerce d'eſclaves. Parmi beaucoup de faits importans au trafic de ce port, on y trouve une liſte très-exacte de tous les vaiſſeaux employés à la traite des Nègres, & le nombre précis des eſclaves qui ont été embarqués tous les ans ſur chaque vaiſſeau.

D'après ce Journal, qui ſe trouve conſtaté &

confirmé par les regiſtres même de l'Amirauté, il réſulte de tous ces actes que, dans la ſeule année 1753, le nombre des eſclaves importés en Amérique par les vaiſſeaux du port de Liverpool, eſt allé au-delà de trente mille Noirs; &, ſuivant l'état des vaiſſeaux employés à la traite par la compagnie d'Afrique de Londres & de Briſtol, ſuivant les livres de leur Amirauté, on voit encore que les ſeuls vaiſſeaux Anglois achètent & emmènent eſclaves plus de cent mille Nègres tous les ans.

Ce calcul pour l'Angleterre ſeule n'eſt pas exagéré; tous les actes, journaux de voyages & documens publics l'ont approuvé dans pluſieurs circonſtances, comme le plus juſte & le plus avéré. Il vient d'être encore récemment confirmé par Anderſon, dans ſon Hiſtoire ſur le Trafic des Nègres, imprimée en 1764, où il dit (page 68 de l'Appendix): » L'Angleterre » entretient la culture de ſes colonies, en lui » envoyant tous les ans au-delà de cent mille » Nègres enlevés ſur les côtes d'Afrique. «

Or, depuis plus de deux cents ans que ce

commerce dure dans ce royaume, voilà plus de vingt millions de misérables esclaves qui ont été sacrifiés à votre cupidité. Ajoutez à ce cal cul toutes les traites qui se sont faites par les autres puissances d'Europe, pour la culture de l'Amérique & de l'Asie, & vous concevrez alors que la totalité des meurtres qui se commettent tous les ans dans les quatre parties du monde, sur les seuls Africains, est innombrable par ses excès.

CHAPITRE IX.

Traitement des esclaves malades sur mer.

LORSQUE les vaisseaux d'Europe sont entiérement chargés d'esclaves, ils partent pour les colonies, & sont plus ou moins de tems dans leur traversée.

Les Nègres entassés pêle-mêle, exposés à mille corruptions au fond d'un navire infecté, éprouvent presque tous une fièvre pestilentielle appellée le *seasoning*, dont les symptômes aggravés par le désespoir qui ronge nos ames & les traitemens durs dont on nous accable, prennent bientôt des caractères violens & mortels.

C'est-là que tant de malheureuses victimes sacrifiées à l'ambition d'un seul homme,... souffrant des douleurs aigües & privées de secours suffisans, soupirent après la mort. Les Chirurgiens qui ne voient autour d'eux que des agonisans, ne savent auquel entendre ; ils craignent eux-mêmes de respirer un air pestilentiel : ils n'y restent que quelques instans, & nous prescrivent au hazard des médicamens qui, toujours mal indiqués & mal administrés, nous font plus de mal que de bien. C'est dans le fond de ces cavernes homicides, que cinq ou six cents misérables se voient mutuellement souffrir & mourir à chaque instant du jour, sans consolations, sans secours & sans espoir de revoir jamais ni leurs parens, ni leur patrie.

A grands coups de fouet, on nous force d'avaler des remèdes mal composés qui augmentent nos douleurs cruelles, & nous font bientôt périr. C'est enfin dans ces sépulcres de corruptions infectes, que toutes les horreurs des convulsions, de la putréfaction, du désespoir & des misères les plus douloureuses de la fin de l'homme, semblent se reunir pour offrir aux ames sensibles le spectacle le plus révoltant des souffrances humaines ; non, l'Enfer n'est pas plus affreux.

*

CHAPITRE X.

Mortalité des esclaves sur mer.

D'APRÈS les Journaux de voyage des navires Européens destinés à la traite des Nègres, on voit qu'il meurt tous les ans dans la traversée au moins la cinquième partie des esclaves sur les vaisseaux les plus favorisés, & que ceux qui ont été les plus maltraités ont souvent perdu le tiers de leurs Noirs durant leur voyage. Il n'est point de facteur sincère qui puisse dire que ce calcul soit exagéré. En prenant le terme moyen entre ces deux pertes, c'est donc le quart des esclaves qui meurent en mer avant d'arriver à leur destination.

Sur cent mille Nègres que l'Angleterre seule exporte d'Afrique tous les ans, en voilà donc vingt & cinq mille par an qui, avant d'avoir vu l'Amérique, sont aussi visiblement égorgés que si on les avoit étouffés tout-vivans au fond de la mer.

Arrivé dans vos Isles Américaines, il meurt encore un quart des esclaves, du scorbut, de l'éthisie, de fièvres putrides, ou d'une espèce de fièvre aigüe qui attaque indistinctement tous les étrangers. C'est un tribut que le climat impose à tous ceux qui passent aux Indes Occidentales ; sur soixante & quinze mille Noirs qui vous restent, vous en perdez au moins quinze mille (*a*) : c'est donc environ quarante mille Noirs que l'Angleterre fait périr tous les ans, pour en donner soixante mille aux Colonies.

Depuis deux cents ans que dure ce commerce homicide, calculez quel nombre immense de victimes les Anglois ont fait périr sans en retirer aucun bénéfice. Ajoutons à ce douloureux calcul, tous les esclaves que les autres royaumes d'Europe ont également perdus sur terre & sur mer, & concevez, s'il est possible, combien de torrens de sang innocent vous avez fait ruisseler sur toute la terre.

(*a*) Les Relations diverses de la perte des Negres en débarquant aux Isles de l'Amérique porte le nombre des Esclaves morts du *Seasoning* au-delà du quart.

La juſte horreur que vos facteurs inſpirent aux êtres ſenſibles, ne peut être portée à ſa légitime valeur, qu'en obſervant que chacun de vos vaiſſeaux chargés de quatre ou cinq cents Nègres, a coûté la vie à trois ou quatre mille Noirs tués en Guinée ou au Sénégal dans les guerres inteſtines que vous excitez dans notre patrie, pour acheter tous nos priſonniers. Ajoutez à ce tableau de mort, tous ceux qui en ont été les victimes, depuis que la traite ſubſiſte, & vous aurez aſſez de cadavres à entaſſer pour ſurpaſſer peut-être la plus haute montagne de l'Amérique, & former un fleuve de ſang qui couleroit long-tems ſur la terre.

Princes Européens, Magiſtrats & Gouverneurs de la terre, laiſſez vos cœurs s'attendrir ſur nos peines; ſongez qu'il exiſte au-deſſus de vous un Être ſuprême qui vous voit, vous entend, & juge vos ordres & vos actions; que le plus bel attribut du pouvoir qu'il vous a confié, eſt de protéger les malheureux, & favoriſer le bonheur des peuples, & non de les faire égorger au gré de votre ambition criminelle.

Si

Si vous pouviez voir d'un coup-d'œil les millions de créatures humaines que vos ordres ont précipitées au tombeau, vous gémiriez cent fois par jour d'y avoir pu contribuer. S'il eſt vrai que vous ſoyez jaloux de votre gloire & de la félicité des mortels, abrogez les loix de ſang & de carnage qui font la honte de ces deux ſiècles : rendez-nous au bonheur dont nous jouiſſions avant de vous avoir connus ; donnez un bel exemple à l'humanité ſouffrante ; rendez la paix aux Nègres de l'Afrique.... la liberté aux eſclaves de l'Aſie & de l'Amérique : & tous les peuples de la terre béniront alors les Princes & les Magiſtrats bienfaiſans qui auront mis fin à nos tourmens, & fait la félicité de tant de martyrs innocens.

CHAPITRE XI.

Comment les esclaves sont traités aux Isles.

IL est juste que tous les habitans du monde connoissent les traitemens que vous nous imposez, lorsque nous sommes arrivés dans vos cruelles habitations.

Ceux d'entre nous qui ont la triste consolation de survivre à la traversée & à la fièvre Américaine qui nous attaque en arrivant, sont traités avec la plus dure sévérité pour les fautes les plus légères : & comme les colons n'achètent un esclave qu'afin d'en retirer le plus grand travail possible, la plus petite négligence est punie avec la dernière rigueur ; si l'on s'arrête un instant durant les travaux ; si l'on parle à son voisin ; qu'on n'avance pas l'ouvrage assez promptement au gré des desirs ou du caprice de nos conducteurs.... quelquefois même sans savoir pourquoi, nos corps sont meurtris, & nos chairs déchirées par lambeaux à grands coups de fouet.

Pour rendre enfin nos douleurs plus aigües, on verse alors dans nos plaies du sel & du poivre pilé qui nous font souffrir le martyre.

Oui, Chrétiens, voilà notre sort ; & dans vos Isles, il n'est pas une ame sensible qui daigne répandre la moindre consolation sur nos peines : nos ames, libres comme les vôtres, adorent le même Dieu que vous. Il nous ordonne de vous servir comme nos amis, de vous chérir comme nos frères ; & nous lui obéissons avec joie, parce que nous sentons que c'est cette loi d'amour & de fraternité qui fait l'union & le bonheur des hommes.

Mais comme nous regrettons toujours notre liberté, & qu'il n'est pas un seul de nous qui, dans la vérité de son cœur, ne se croye le droit de recouvrer sans cesse l'usurpation qu'on lui en a faite, il arrive souvent que les uns s'enfuient dans les montagnes, &, devenus Nègres *Marons*, y sont réduits pour vivre à voler les habitations voisines ; d'autres, perdus au fond des forêts, s'y nourriſſent d'herbes ſauvages, de feuilles d'arbres ou de racines inconnues, & meurent enfin de misère, de douleur & de faim; quelques-uns arrivés aux bords de la mer, en voyant l'immenſité des eaux qui les ſéparent de leur patrie, s'y noyent de déſeſpoir : beaucoup enfin, que la férocité de vos traitemens décident à ſe précipiter du haut des toîts de vos habitations, ou dans des étangs, pour terminer leur douloureuſe exiſtence, vont chercher dans les flots une tranquillité qu'ils n'eſpéroient plus ſur la terre.

Quelques-uns, il eſt vrai, ſe ſont par fois réunis pour délibérer enſemble ſur les moyens d'avoir leur liberté; mais au premier indice d'un deſſein trop légitime, vous les avez fait enchaîner, vous leur avez fait briſer les os des jambes avec des barres de fer; & tandis qu'ils étoient vivans, vous les avez expoſés ſur la roue, comme s'ils étoient des brigands ou des aſſaſſins publics. Colons barbares, qui mutilez tranquillement vos ſemblables; c'eſt vous ſeuls qui méritiez un pareil ſupplice, puiſque c'eſt vous qu'une infâme cupidité rend nos assassins. Vos crimes sont accumulés sur vos têtes, & le calcul de ceux que vous avez fait périr dans ces tourmens horribles est innombrable. Vous avez épuisé sur nous vos supplices les plus cruels, pour des forfaits imaginaires dont seuls vous êtes les vrais coupables, & vous voulez encore que nous vous servions avec affection, zèle & fidélité; cela se peut-il, & le méritez-vous?

L'Histoire géographique de la Jamaïque (*a*) rapporte que les propriétaires des habitations donnent à chacun de leurs esclaves un petit coin de terre à cultiver, en leur permettant d'y travailler à leur profit le premier jour de la semaine, & que ce qu'ils en recueillent, avec un peu de poisson salé qu'on leur donne, composent toute leur nourriture.

Ce qu'on nous accorde pour notre habillement, va rarement au-delà de quatre ou cinq aunes de toile grossière tous les ans, de sorte que dans les Colonies de l'Amérique septentrio-

(a) *History of Jamaïca.*

nale, où les vents ſont froids, longs & cuiſans nous, pauvres & miſérables Africains, ſouffrons cruellement faute d'avoir de quoi nous couvrir le corps durant les nuits glacées. Il exiſte même beaucoup d'habitans qui renchériſſent ſur cette dureté, en ne nous donnant aucune eſpèce de couverture, juſqu'à ce que nous en ayons gagné la valeur par nos propres travaux ; nous avons beau ſouffrir, prier, implorer leur miſéricorde, nous n'obtenons rien.

Le travail exceſſif des terres eſt une des principales cauſes qui épuiſe nos forces, abrège nos jours, & accélère notre deſtruction. Dès la pointe du jour, nous ſommes appellés aux travaux ; & ſans interruption, il faut les continuer juſqu'à midi, qu'il nous eſt permis d'aller manger : à deux heures, nous y revenons, & nous les pourſuivons juſqu'à la fin du jour. Durant tout ce tems, nous ſommes ſuivis, ſurveillés par nos conducteurs, qui, à grands coups de fouet, puniſſent tous ceux qui travaillent avec quelquc non-chalance.

Enfin, avant que la nuit ſoit obſcure, &

qu'on nous permette de retourner dans nos tristes cabanes, on nous oblige encore à faire l'ouvrage de l'habitation ; c'est-à-dire de ramasser du fourage pour les troupeaux, de charroyer du bois pour les maîtres, du charbon pour les cuisines, du foin pour les chevaux ; de sorte qu'il arrive souvent qu'il est minuit & demi avant que nous retournions dans nos cases. Alors il nous reste à peine le tems de piler & faire bouillir un peu de bled d'Inde pour notre nourriture : nous nous couchons un instant sur la natte durant qu'il se cuit ; & il nous est arrivé souvent d'avoir été rappellés au travail du matin, avant que nous ayons eu fini de manger, n'ayant pu satisfaire encore ni à la faim qui nous dévore, ni au sommeil qui nous poursuit. Il n'est alors aucun motif ni aucune excuse qui puisse nous dispenser d'y arriver promptement ; si nous n'y sommes pas rendus aussi-tôt, nous sommes assurés en arrivant d'y recevoir trente coups de fouet.

Faute d'une nourriture suffisante après avoir veillé la nuit, on sent que nous manquons du courage nécessaire au travail, & que souvent nos forces affoiblies ſe refuſent à nos deſirs; n'importe, il faut forcer la nature, & travailler comme à l'ordinaire: il n'eſt point de raiſons qui puiſſent appaiſer nos durs conducteurs, & le fouet eſt ordinairement leur réponſe (*a*).

Dans le tems des moiſſons qui durent ordinairement pluſieurs mois, nous ſommes obligés de travailler la plus grande partie de la nuit dans le *boïling houſe* granges deſtinées à préparer les bleds. Alors le maître de l'habitation, dans l'eſpoir de recueillir le plus grand gain poſſible de nos peines, aggrave ſur nous les plus peſans fardeaux, quoiqu'on nous épargne toujours avec une ſordide avarice & notre nourriture & notre vêtement. Quelques-uns même d'entre nous, épuiſés par un travail forcé, mangeant dans trois ou quatre jours ce qu'on leur a donné pour toute la ſemaine, ſont ſou-

(*a*) Voyez l'Eſſai ſur le Traitement des Eſclaves Africains, par James Ramſay, qui ſe vend chez J. Philipps, George Yard Lombard ſtreet London. On trouve chez lui beaucoup d'ouvrages très-intéreſſans ſur cette matiere.

vent plusieurs jours entiers sans aucune espèce de nourriture ni de vêtement ; de sorte que ces pauvres créatures sont obligées de pourvoir à leur subsistance comme elles peuvent, ou de manger des herbes sauvages comme des animaux; c'est ce que j'ai fait moi-même, le voyant faire à d'autres.

Il en est souvent résulté que plusieurs pressés de la faim qui ne connoît pas de loi, ont été arrêtés & tués dans les habitations voisines, parce qu'ils avoient été la nuit y voler quelques patates ou d'autres racines pour manger.

Si, par malheur, on prend la plus petite chose dans l'habitation du maître, quoique pressés par la faim la plus dévorante, nous sommes punis avec la dernière rigueur, & nos conducteurs nous traitent cruellement, lorsque nous osons toucher à la moindre portion des denrées que nous avons cultivées avec tant de fatigues; tandis que nos maîtres les consument dans l'abondance, & les prodiguent avec excès.

Ce qu'il y a de plus étonnant encore, c'est de voir ces hommes durs & méchans calculer de ſang-froid le gain qu'ils peuvent faire en ſacrifiant la ſanté, les forces & la moitié de la vie de leurs eſclaves, pour en recueillir plus promptement le double de travail & de profit.

Les habitans de la Jamaïque ont paiſiblement ſupputé que pourvu que ſur cent Nègres qui arrivent dans la colonie, il en réchappe ſeulement ſoixante propres au travail, ils ſont conſidérés comme payant le prix d'acquiſition des quarante qui ſont morts ſur mer ou des maladies fiévreuſes. Il leur ſuffit enfin que ces ſoixante Noirs exiſtent encore ſept à huit ans, pour que leur travail paye tout ce qu'ils ont coûté, & donne à leur maître un bénéfice ſuffiſant.

On ſeroit moins ſurpris peut-être, ſi de pareils calculs étoient faits ſur les travaux des animaux ou des bêtes de charge; mais on ne peut voir ſans la plus vive douleur, que nous miſérables humains ſoyons plus accablés de fatigues & de mauvais traitemens que les brutes, & que les Colons aient plus de ſoins & de compaſſion pour leurs bêtes qu'ils n'en ont pour leurs Nègres.

CHAPITRE XII.

Calcul homicide d'un Colon Américain qui vit encore.

IL en coûte à mon cœur de rapporter ici un trait de férocité d'un des principaux habitans de l'Amérique. S'il n'étoit qu'un fait isolé, je le tairois peut-être ; mais il est devenu crime général, & ma plume sincère doit produire au grand jour les reflets de lumière qui peuvent éclairer l'administration de nos maîtres, & la mort lente à laquelle ils nous ont condamnés.

Lorsque je vins en Angleterre, je débarquai à Southampton : je vins à Londres, & je trouvai dans vos rues beaucoup de Noirs qui traînoient dans vos climats les restes épuisés d'une existence mourante. La plupart, réduits à demander l'aumône, n'étoient déja plus que des squelettes livides & ambulans. En les voyant, je crus appercevoir la mort solliciter un dernier secours. Chaque fois que j'en rencontrois un dans la ville, mon cœur palpitant me disoit: More-Lack, voilà ton semblable qui souffre; voilà la récompense de ses fatigues & de ses tourmens dans les colonies; le sucre & le café qui font les plaisirs de l'Europe, ont coûté le bonheur & la vie à ce malheureux Africain, & à dix millions de mes semblables; & ceux même qui, en prenant leur café, sucent ses sueurs & son sang, lui refusent un morceau de pain!

Insensible Européen, regarde ce misérable que les facteurs ont arraché avec violence du sein de l'Afrique qui l'a vu naître: tu l'as traîné en Amérique pour y souffrir mille douleurs, & y épuiser toutes ses forces.... le voici expirant de faim & de misère en Europe; il ne lui manque plus que d'aller mourir en Asie, pour que les quatre parties de la terre aient été témoins du comble des infortunes humaines & de la cruauté des Européens.

Un Auteur distingué par un grand nombre d'ouvrages qui annoncent la vaste étendue de ſes connoiſſances & de ſon eſprit, a prétendu prouver que la ſervitude de la glèbe & l'eſclavage des Nègres offroit une exiſtence bien plus heureuſe que le ſort dont jouiſſent la plupart de vos payſans ou journaliers d'Europe. Son ſyſtême parut ſéduiſant; le voici: » Un ouvrier » en France gagne ordinairement vingt-cinq » ſols par jour; comment peut-il, avec ce mo- » dique ſalaire, ſe nourrir & entretenir lui, ſa » femme & quatre ou cinq enfans, payer un » loyer, acheter du bois & fournir à tous les » frais d'une famille entière? Ils vivent dans » l'indigence, & quelquefois manquent du né- » ceſſaire :.... un ſerf au contraire, ou un eſ- » clave, eſt comme le cheval de ſon maître; il » eſt intéreſſé à le bien nourrir & à le bien en- » tretenir, pour le conſerver en ſanté, & en re- » tirer un ſervice utile & permanent. Ayant » donc tout ce qui lui eſt vraiment néceſſaire, » il eſt plus heureux que les journaliers libres » qui quelquefois n'ont pas de pain. «

Cette comparaiſon n'eſt pas juſte, au moins quant aux eſclaves de l'Amérique. Si ſon auteur eût vu lui-même l'adminiſtration intérieure des habitations des îles, il eût été bien convaincu que les chevaux de nos maîtres y ſont mieux ſoignés que leurs eſclaves, & que l'intérêt du colon propriétaire n'eſt pas du tout de nous bien nourrir pour nous conſerver long-tems en ſanté ; mais au contraire de nous ſupprimer un tiers des alimens néceſſaires à la vie humaine, & d'exiger de nous le plus de travail poſſible, afin de regagner ſur cette économie alimentaire & ce ſurplus de travail, de quoi racheter un eſclave jeune & vigoureux, aux dépens de la vie d'un Nègre exténué de faim & d'épuiſement. Ce qu'il y a de plus affreux dans cette politique, c'eſt qu'elle eſt connue & adoptée dans preſque toutes les habitations.

J'entrai un jour dans un café public à Londres, où ſe raſſembloient beaucoup d'Américains ; les uns liſoient les papiers publics, d'autres parloient, d'autres écoutoient : le haſard, ou plutôt la curioſité, me fit aſſeoir à côté d'un habitant des Colonies qui parloit de la traite des Nègres & de l'exploitation de ſes terres en

Amérique. Voici mot à mot le calcul que je lui entendis faire..... » Mes Nègres (disoit il) » me reviennent l'un dans l'autre à quarante » guinées : chacun d'eux me rapporte environ » sept guinées de bénéfice (*a*) en les nourrissant » comme il faut; mais en leur retranchant sur » leur nourriture la valeur seulement de deux » pennins par jour, cette économie sur chaque » Nègre me donne trois livres sterling de pro- » fit; c'est-à-dire trois cents livres sterling (*b*) » sur mes trois cents Nègres, en sus des sept » livres sterling qu'ils me donnent : par ce » moyen, je retrouve au moins dix guinées de » bénéfice sur chacun de mes esclaves par an; » ce qui porte le revenu net de mon habita- » tion à trois mille livres sterling (*c*).

» Il est vrai qu'en suivant le plan de cette

(*a*) Voyez les informations Parlementaires de 1774. Long, dans son Histoire de la Jamaïque, porte leur produit au-delà de douze guinées.

(*b*) Ce qui fait vingt-un mille six cents livres de France.

(*c*) Soixante & douze mille livres de rente.

» administration économique, mes Nègres ne » vivent tout au plus que huit ou neuf ans ; » mais les profits du maître en sont bien plus » considérables, puisqu'après quatre ans de ser- » vice, chaque Noir m'a gagné les quarante » guinées qu'il me coûte ; & quand il ne vivroit » encore que quatre ou cinq ans de plus, tout » ce qu'il me gagne alors est en pur bénéfice. » L'esclave meurt ; mais que m'importe ? avec » le seul profit que j'ai fait sur sa nourriture » pendant sept ou huit ans, j'ai de quoi ra- » cheter un autre Nègre jeune, robuste, au lieu » d'un être épuisé qui n'est plus bon à rien ; » & sur trois cents esclaves, cette économie » est immense. « Quelles sont les ames dures ou sans pitié qui seroient insensibles à cette affreuse destination ?

On m'objectera sans doute que dans les plus riches habitations, les Nègres sont traités de même, & qu'on n'a jamais eu le droit d'exiger qu'un maître nourrît mieux ses esclaves, & leur fît faire moins de travail ; qu'on ne sauroit concevoir pourquoi notre nourriture est géné-

ralement

ralement si mauvaise & si modique, même chez les colons les plus opulens, &c. &c. &c. La raison en est facile à sentir.

Les tons de faste & de prodigalité qu'affectent nos maîtres, leurs dépenses excessives, leur jeu immodéré, les mettent toujours dans l'impuissance (malgré de gros revenus) de donner le nécessaire à leurs esclaves. Brillans & généreux aux yeux des étrangers, l'avarice la plus sordide fait souffrir chez eux tous ceux qui les servent ; riches en apparence, mais pauvres en réalité, ils ne refusent rien à leurs propres besoins ni à leur intempérance ; & cette profusion sans bornes, leur ôte les moyens de fournir à leurs esclaves une nourriture suffisante & saine, & des vêtemens chauds dans les tems & les sites qui les requièrent ; leurs prodigalités sont quelquefois si fortes, qu'ils sont forcés, faute de payement, à contracter des dettes, & pour les acquitter, il ne leur reste d'autre espoir que d'écraser leurs esclaves par un travail plus forcé & par une diminution sur leur nourriture. Nos maîtres ressemblent précisément à ces jeunes propriétaires dissipateurs des produits d'un riche héritage, qui, pour fournir à tous leurs plaisirs, laissent tomber leurs fermes en ruines, languir leurs bestiaux, & souffrir tous ceux qui les environnent. Nos ames, vivement indignées, ne peuvent se persuader que nos cruelles afflictions ne soient pas tôt ou tard vengées, & que le Dieu bienfaisant de tout l'univers ne punisse pas un jour nos tyrans.

CHAPITRE XIII.

La chasse aux Marons.

Je l'ai dit, & je le répète; les traitemens que nous éprouvons, & le sentiment continuel de notre douloureuse existence, nous jette souvent dans le désespoir, au point que plusieurs de nous se pendent eux-mêmes, que d'autres se jettent dans des puits, & que d'autres s'embarquent au hasard sur la mer qui bientôt les engloutit, &c. &c. &c. &c. Les moins désespérés s'enfuient dans les bois, où ils sont souvent poursuivis par des détachemens militaires, &c. &c. &c.

Croiroit-on que, parmi nos maîtres Européens, il se trouve des hommes faits, & des jeunes gens assez dénaturés pour se réunir avec une meute de gros chiens, pour se faire un jeu & un amusement de courir après nous dans les bois, de nous chasser comme des bêtes fauves, de nous tuer à coups de fusil, de nous couper la tête, de la placer au bout d'une pique, & de la porter en triomphe par toute la Ville ?

Cela arrive très-ſouvent à l'Iſle de France & dans pluſieurs Iſles de l'Amérique ; il eſt rare qu'une ſemaine entière ſe paſſe, ſans qu'on voie quelque crâne de Nègre ainſi expoſé. Ces jeunes gens plaiſantent beaucoup en parlant de leur chaſſe aux Nègres; comme s'il y avoit du mérite ou du plaiſir à tuer, à coups de fuſil, des hommes nuds ſans armes & mourant de faim. Cette chaſſe, dans les Colonies, s'appelle en riant *la chaſſe aux Marons*. O mœurs cruelles, vous prouvez à tous les êtres ſenſibles que l'eſclavage abrutit encore plus le maître que les eſclaves.

Les détachemens militaires ſont plus humains; ils ne tirent ſur ces malheureux que lorſqu'ils refuſent de ſe rendre. Lorſqu'ils ſont arrêtés vivans, ils ſont fouettés juſqu'au ſang, & on leur coupe une oreille pour la première fois; à la ſeconde déſertion, ils ſont fouettés plus vigoureuſement encore juſqu'au déchirement des chairs, & on leur briſe un jarret avec une barre de fer : s'ils y reviennent, ils ſont pendus ſans autre procédure que l'ordre de leur maître, & ils vont avec joie au ſupplice, tant ils ſont perſuadés que la mort eſt préférable aux tourmens qu'ils ont à ſouffrir !

Européens ! voilà des faits poſitifs & bien avérés ; ils ſont généralement connus : mais, prenez-y garde, vos actions ſanguinaires, loin de vous faire obéir, ne ſont propres qu'à vous faire abhorrer ; ſi vous ne craignez plus les mépris ni la haine des hommes, redoutez au moins ce Dieu de paix & de miſéricorde qui vous ordonna d'aimer vos ennemis, & de faire du bien à tous les êtres de la nature.

CHAPITRE XIV.

Combien l'esclavage est contraire à la Religion Chrétienne & au bonheur humain.

TOUTES les personnes sincères & désintéressées qui ont voyagé dans vos habitations Américaines, n'ont pu s'empêcher de gémir de notre destinée, & de témoigner leur compassion sur nos peines: la plupart en ont publié leur sentiment par écrit, comme une matière importante qui méritoit la plus sérieuse considération de la part de tous les hommes qui ont quelque influence dans le gouvernement public, ou l'administration des colonies.

On peut dire avec juste raison, que ce trafic est odieux dans son principe, injuste dans ses moyens, & abominable dans ses effets; qu'il réunit tous les excès d'un despotisme sans aucun frein & d'une cruauté sans bornes; qu'il est destructeur du genre humain ; qu'il corrompt tous les sentimens vertueux de la nature & de la société, & que plus l homme s'y livre, plus il devient féroce. Qu'un commerce aussi criminel excite l'homme à commettre mille forfaits par le seul amour de l'argent, détruit tous les liens de l'affection humaine, fait naître l'égoïsme, dédaigner les nœuds de l'hymen, plonge la jeunesse dans la débauche, le désordre, la prodigalité & toutes les dissolutions morales, anéantit enfin dans l'ame le sentiment & l'amour du créateur, l'obéissance aux souverains & la vénération pour les loix, excite dans les colons des craintes légitimes & perpétuelles en nourrissant le danger multiplié des révoltes parmi les Nègres. En un mot, ce trafic tel qu'il existe aujourd'hui, éteint toutes les vertus & ouvre la porte à tous les crimes.

Malheureusement la vérité de ces observations frappera les êtres sensibles qui n'y ont aucun intérêt dominant, mais non pas ces propriétaires avides qui ne respirent que pour l'or.

Et vous, colons hypocrites qui faites profession

de ſuivre la ſublime morale d'un Être pur & divin qui vous annonça lui-même ſes loix heureuſes, & vous ordonna *d'aimer vos ennemis & de faire du bien à ceux qui vous ont fait du mal.* (Matt. 5.) Voyez comment vous ſuivez ſa doctrine; vous faites préciſément le contraire: car vous faites égorger ceux qui ne vous ont fait aucun mal. Ce beau titre du vrai Chrétien, vous l'avez uſurpé pour faire haïr vos actions, & manifeſter vos menſonges.

Nous qui ſommes la plupart privés de ce céleſte avantage, qui ſommes ſans ceſſe appellés des brutes ſauvages & des animaux Africains, nous ſervons avec ſoumiſſion jour & nuit ceux qui nous perſécutent; nous épuiſons nos forces, notre ſang, nos ſueurs pour l'accroiſſement de leur fortune rapide; tandis que vous, qui vous dites Chrétiens, vous mutilez nos corps & faites périr pluſieurs millions de créatures humaines par tous les fléaux réunis de la miſère la plus conſtante, des travaux les plus douloureux, & de la faim la plus dévorante; ſouffrez que je vous le demande. Quels ſont les véritables

Chrétiens ſur la terre, ou ceux qui exécutent la loi du Sauveur du monde ſans la connoître, ou ceux qui la connoiſſent & ne la pratiquent pas?... Vous prétendez en avoir les titres; mais vous ne les méritez pas, puiſque vous foulez aux pieds les principes d'une révélation divine, pour vous livrer à vos fureurs & à votre cupidité. Vous êtes bien plutôt ces Juifs, & ces perſécuteurs idolâtres qui ont martyriſé les premiers Chrétiens & crucifié le Chriſt lui-même. puiſque vous ne ceſſez de faire uſage de tous les moyens ſanguinaires qui vous ont rendus plus féroces que les tigres & les lions d'Afrique.

CHAPITRE XV.

Suite, & témoignage des Écrivains célèbres sur l'esclavage.

LA juste horreur que vous inspirez à tous les cœurs honnêtes, a engagé un grand nombre de Philosophes & de Magistrats Européens à blâmer publiquement tant de cruautés révoltantes.

L'illustre & vertueux Montesquieu, dans son *Esprit des Loix, page 348*, a dit : » Rien » n'assimile plus l'homme à la bête, que d'être » enchaîné parmi des êtres libres, & d'y vivre » lui-même esclave; un tel peuple devient l'en- » nemi naturel de ses persécuteurs : plus il de- » vient nombreux, plus il est dangereux. «

Le même Auteur fait à ce sujet une réflexion bien judicieuse, en disant : » Il faut, pour agir » de la sorte envers eux, supposer nécessaire- » ment que les Nègres ne sont pas des hommes, » ou faire imaginer que nous ne sommes pas des » Chrétiens. «

Dans l'Hiſtoire des Établiſſemens des Européens en Amérique (*voyez l'édition de 1557*), l'Auteur a conſigné les paroles ſuivantes :

» Les Nègres de vos Colonies y ſouffrent
» l'eſclavage le plus complet ; il eſt accom-
» pagné de traitemens ſi douloureux & ſi
» cruels, qu'il n'exiſte point de peuples dans
» aucune autre partie du monde dont la condi-
» tion ſoit plus miſérable, ni qui ait jamais
» tant ſouffert dans aucun ſiècle précédent. Les
» preuves du fait que j'avance ſont innombra-
» bles. Les moyens de rigueur & de cruauté
» dont on fait uſage envers cette malheureuſe
» claſſe de nos ſemblables, ſont d'une ſévérité
» & d'une violence qui attriſte & révolte l'ame.

» Dans la ſeule Iſle des Barbades, vous poſ-
» ſédez au moins quatre-vingt mille Nègres,
» ſans compter tous les moyens de les accroître
» par la propagation humaine dans un climat
» qui, à beauconp d'égards, reſſemble à leur
» pays natal ; nonobſtant ces reſſources d'ac-
» croiſſement, il n'eſt pas d'année où les Bar-
» bades ne ſoient dans la néceſſité de faire venir

» cinquante mille Noirs, pour remplacer les
» esclaves qui y périssent & en tourmenter tou-
» jours le même nombre. Cette perte prodigieuse
» existe en même proportion dans les autres
» Colonies Américaines; elle prouve avec evi-
» dence que votre administration est tyran-
» nique, & que vos traitemens sont d'une dureté
» & d'une oppression meurtrière qui contribuent
» de bonne heure à les précipiter au tombeau;
» & c'est avec raison qu'on pense que le tra-
» vail excessif dont ils sont accablés dans un
» climat brûlant, la mauvaise qualité, le peu
» d'abondance de leur nourriture, & la rigueur
» de vos traitemens sont les justes causes de
» leur destruction prématurée. «

Dans une Relation du nord de l'Amérique, par Thomas Jeffery (*a*), l'Auteur, en parlant du sort des esclaves aux Indes Occidentales, s'exprime ainsi :

» Il est impossible au cœur humain de jetter

(a) *Account of Part of Negroes in North America, publish'd by Thomas Jeffery: printed anno 1761.*

» un regard ſur cette malheureuſe portion du
» genre humain & ſur les douleurs qui accom-
» pagnent leur ſervitude, ſans avoir l'ame at-
» tendrie avec amertume ſur des misères cruelles
» qui ne finiſſent qu'à leur mort ; il n'exiſte rien
» ſur la terre de plus cruel ni de plus
» affreux que le ſort de ces miſérables Eſclaves :
» on diroit à les voir, qu'ils ſont l'opprobre &
» la honte du genre humaie. Bannis de leur
» pays natal, enchaînés & traînés avec violence
» dans une terre étrangère, privés de cette
» heureuſe liberté dont jouiſſent toutes les autres
» Nations, ils ſont réduits à une condition plus
» dure que les bêtes de labourage. Quelque peu
» de racines ou des patates compoſent eſſentiel-
» lement leur nourriture, & deux miſérables
» haillons qui ne les mettent jamais à l'abri des
» chaleurs du jour, ni des froids exceſſifs de la
» nuit, ſont tout leur vêtement ; leur ſommeil
» eſt court, leur travail accablant & preſque con-
» tinuel ; ils ne reçoivent aucun ſalaire ; & pour
» les fautes les moins conſidérables, on leur
» donne vingt coups de fouet, &c. &c. &c. «

Une perſonne diſtinguée qui a voyagé dans les Iſles Occidentales, & qui a conſidéré attentivement la triſte ſituation des eſclaves, nous a communiqué les obſervations ſuivantes.

» Je me ſuis journellement occupé ici à exa-
» miner le ſort des Nègres & les traitemens
» rigoureux dont ils ſont généralement acca-
» blés: pour la plus petite négligence, ils ſont
» fouettés impitoyablement, ou bien on les
» frappe avec de gros bâtons, & on voit ſou-
» vent leurs corps meurtris ou enſanglantés:
» enfin, ces Colons cruels ne font cas de la
» vie de leurs eſclaves, que parce qu'ils coûtent
» quelqu'argent; & lorſque ces maîtres ſont en
» colère, ils ne ſont retenus de faire périr un
» Noir ſous leurs coups, que par la crainte de
» perdre la ſomme qu'il leur a coûté & le tra-
» vail qu'ils en eſpèrent. Ils ne les regardent
» point comme une portion des créatures hu-
» maines qui poſsèdent une ame, une raiſon ni
» des ſentimens comme les nôtres; mais préci-
» ſément comme des brutes ou des mulets qui
» ſont entêtés, méchans, vindicatifs, privés de

» ſenſibilité, & uniquement deſtinés à porter » des fers. Regardés ſans ceſſe comme les rebuts » de tous les êtres de la nature, leurs maîtres ne » ſouffrent jamais qu'ils aient aucun droit aux » priviléges humains, & les conſidèrent à peine » comme des ouvrages du créateur. «

Y a-t-il la moindre humanité à prononcer une ſentence auſſi rigoureuſe ſur tant de générations d'êtres qui, dans le vrai, ſont nos ſemblables, qui nous conſacrent leur travail, ſans le moindre eſpoir de ſalaire, & qui n'en retirent que des peines cruelles & des fatigues ſans fin; cette conduite eſt-elle d'accord chez un peuple chrétien avec ce précepte du Chriſt : (*L'ouvrier eſt digne de ſa nourriture?*)

On vient de publier tout récemment encore une *Relation particulière du traitement que les Eſclaves d'Afrique reçoivent dans les Indes Occidentales*, où en accordant la plus grande faveur à ceux qui, aveuglés par un vil intérêt, cherchent à excuſer cet affreux commerce & à pallier la ſévérité dont ils uſent envers eux, on leur fait quelques juſtes repréſentations ſur les abus qu'ils en font avec tant de rigueur.... Voici comment l'Auteur s'explique :

» L'iniquité de la traite des Nègres est
» cruellement aggravée par l'inhumanité avec
» laquelle les esclaves sont traités dans les plan-
» tations ; non-seulement à raison de leur nour-
» riture , mais encore à l'égard des travaux
» excessifs qu'on exige d'eux sans la moindre
» pitié ; il faut ajouter encore les châtimens
» cruels qu'ils souffrent tous les jours, qui n'ont
» d'autres bornes que la volonté , ou le ca-
» price de leurs conducteurs. Quoique leurs
» ouvrages soient plus longs & aussi pénibles
» dans les Barbades & dans plusieurs autres
» Isles, on ne donne à chaque esclave cultiva-
» teur qae trois pintes de bled d'Inde & trois
» harengs salés pour leur subsistance d'une se-
» maine entière. «

Georges Whitefield, dans une Lettre écrite de la Géorgie aux habitans du Maryland, imprimée en 1739, rend compte de la situation des Nègres de cette partie des Colonies Américaines dans

dans le Sud (*a*). On y remarque essentiellement le passage que j'ai traduit (je crois) dans le sens le plus vrai.

» Lorsque j'ai passé derniérement dans vos » provinces, tout ce que je vis sur mon che- » min pénétra mon cœur de douleur & de tris- » tesse, & je fus touché d'une vive compassion » en voyant les misères de vos esclaves. Croyez- » vous qu'il soit permis à de vrais Chrétiens » d'acheter des Nègres pour les revendre & » pour se les procurer, d'encourager la plupart » des peuples leurs compatriotes à se faire sans » cesse la guerre les uns contre les autres? C'est » ce que je ne conçois pas; mais je suis sûr » qu'il est criminel, après les avoir achetés, de » les traiter aussi mal & plus mal que les bêtes » brutes. Quelles que soient les exceptions par- » ticulières qu'on peut y porter (en supposant

(a) *Letter from Georgia to the Inhabitants of Maryland, Virginia, North and South Carolina, upon the situation of the Negroes in southern Provinces on the Continent: by Georges Whitefield. Georgia, 1739.*

» charitablement qu'il y en ait quelqu'une), je
» crois qu'en général vos esclaves sont surchargés de fardeaux qui excèdent les forces humaines ; & que leur travail est plus dur que
» celui des chevaux même que vous fatiguez le
» plus. Ces derniers, lorsqu'ils ont fait leurs
» courses, sont nourris & traités avec un soin
» particulier, tandis que la plupart des Nègres,
» lorsqu'ils sont épuisés de fatigues dans vos
» plantations, sont encore obligés, avant de
» prendre aucun repos, d'allumer du feu, d'aller
» moudre leur grain, & le faire cuire eux-mêmes, &c. &c. &c. Vos chiens sont chaque
» jour caressés par vous, & mangent ce qu'on
» dessert de vos tables ; mais vos esclaves qui
» font tout votre travail, & travaillent à votre
» fortune, sont plus maltraités cent fois que
» ces animaux domestiques, & n'ont pas même
» la permission de ramasser les miettes qui tombent des tables de leurs maîtres : sans compter
» tous ceux qui ont été sacrifiés à la fureur de
» vos fustigeurs barbares qui leur déchirent les
» reins à grands coups de lanières, & leur font

» ſur le dos des excoriations affreuſes & des » plaies ſi douloureuſes, que pluſieurs en ſont » morts quelques jours après.

» En continuant mon voyage, j'ai vu vos » plantations belles & bien cultivées, beaucoup » de maiſons vaſtes & bien bâties, & leurs pro» priétaires vivant ſomptueuſement tous les » jours; mais mon ſang s'eſt pluſieurs fois glacé » dans mes veines, en voyant le peu de mau» vaiſe nourriture que vous diſtribuez à vos » eſclaves & les haillons déchirés qui couvrent » à peine leur nudité, quoique toutes les » richeſſes dont vous faites un ſi prodigue uſage » ſoient entiérement le produit de leurs tra» vaux continuels. L'Ecriture vous dit cepen» dant: *Tu ne lieras pas la bouche du bœuf qui* » *foule le grain.* Puiſque vous convenez que » votre créateur vous a ordonné de prendre un » tel ſoin de vos beſtiaux, croyez-vous qu'il » ne veuille pas que vous preniez autant de » ſoin de ces miſerables humains que vous » appellez vos eſclaves? Tremblez, riches au » cœur dur, & verſez des larmes amères ſur les

» crimes multipliés entassés sur vos têtes cou-
» pables !

Ceux qui nous ont observés dans l'état malheureux d'un vil esclavage, l'ame triste & sans énergie, n'ayant aucun sentiment de notre pays natal, prétendent que nous sommes insensibles aux avantages de la liberté, & que le sort qu'ils nous assurent dans leurs habitations est pour nous un sort plus heureux que celui de vivre errans & abandonnés dans notre patrie....

Peuples Européens, on vous trompe ; nous ne sommes pas des êtres errans ni abandonnés dans nos climats d'Afrique, puisque nous y avons nos habitations, nos terres, nos pères, nos femmes & nos enfans. Notre existence douce & paisible (avant que nous vous connussions), nous coûte peu de travail & point de tourmens. Vous avez plus d'esprit que nous, parce que vous le cultivez davantage : mais nous avons les mêmes organes, les mêmes sentimens & les mêmes principes d'humanité, puisque tout ce que vous sentez dans vos cœurs, nous l'éprouvons de même. Les arts & les sciences sont honorés dans ma patrie, nos terres bien cultivées, nos maisons bien bâties, & nos peuples bons & généreux envers les étrangers. Si vous n'ajoutez pas foi au fidèle More-Lack, vous en croirez au moins les relations des facteurs Anglois, François ou Hollandois qui ont voyagé dans nos terres d'Afrique. Voici quelques extraits de leurs Relations imprimées.

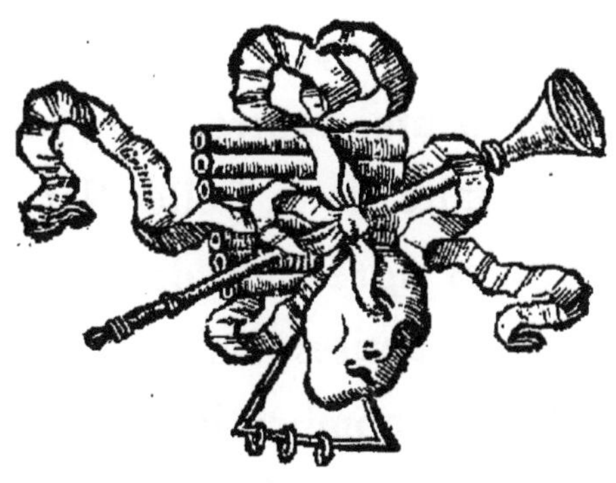

CHAPITRE XVI.

Relations des Voyageurs célèbres ſur la Guinée & le Sénégal.

DANS l'Hiſtoire de la Gorée & du Sénégal, publiée par Adanſon, & imprimée en 1754 (*a*), on lit toujours avec plaiſir la deſcription ſuivante des climats qu'il a parcourus.

» De quel côté que je tourne mes yeux dans » cette charmante contrée, j'y découvre une » image parfaite de la belle Nature, par-tout » des ſolitudes agréables dans des pays déli» cieux, mille petites maiſons champêtres en» vironnées d'un nombre infini d'arbres de diffé» rentes eſpèces. Les Nègres qui repoſent avec » plaiſir leur douce indolence à l'ombre de leurs » feuillages touffus durant la chaleur, la ſimpli-

(a) *Adanſon's Voyage to Senegal, and the Modern Hiſtory*, 1754.

» cité de leurs vêtemens & de leurs coutumes,
» annonce l'âge d'or des premiers siècles du
» monde. Tout cet ensemble rappelle à mon
» esprit l'image de l'heureuse existence de nos
» premiers pères. Les peuples y sont généra-
» lement d'un bon naturel, doux, sociables &
» obligeans : la première réception que j'ai
» reçue d'eux m'a fait éprouver le plus grand
» plaisir, & convaincu qu'il y a beaucoup de
» fausseté & d'exagération dans tout ce qu'on a
» dit ou écrit sur le caractère sauvage des Afri-
» cains. J'ai observé au contraire qu'ils avoient
» une grande humanité pour les étrangers qui
» voyageoient chez eux, & beaucoup de so-
» ciabilité entre eux. L'affection qu'ils nous
» témoignèrent me donna bientôt de la con-
» fiance pour eux ; je vis que je pouvois voya-
» ger dans leurs plaines avec une entière sû-
» reté, & leurs procédés m'engagèrent à pour-
» suivre mes recherches touchant les choses
» remarquables de cette contrée. Je les conti-
» nuai dès ce moment avec tout le succès que
» j'en attendois. «

William Bosman, un des principaux facteurs Hollandois qui a séjourné seize ans dans la Guinée pour la traite des Nègres & d'autres affaires de commerce, en parlant des Habitans de la partie du continent qu'il a habité, a dit :

» Les peuples sont généralement bons, hon-
» nêtes & sincères dans leur commerce, d'une
» conversation douce & affable, traitant les
» étrangers avec amitié, & concevant toujours
» ce qu'on leur dit de raisonnable. Ceux d'en-
» tr'eux qui ont reçu une éducation cultivée
» ont prouvé, par le progrès de leurs con-
» noissances, qu'ils étoient capables d'un juge-
» ment aussi vaste & aussi brillant que des Eu-
» ropéens : que ce peuple recueilloit avec
» abondance toutes sortes de fruits ; que leur
» climat très-peuplé & leurs terres très-fertiles
» produisoient toutes sortes de grains, bled,
» patates, &c. que leurs campagnes étoient
» si bien cultivées, qu'en général les sentiers
» qui séparoient leurs champs étoient les
» seuls endroits qui ne produisissent aucunes
» denrées ; que les Nègres cultivateurs ne

» négligeoient aucun morceau de terre qui » fût capable de production, & que leur terroir » & leur climat étoient si favorables à la » végétation, qu'aussi-tôt qu'ils avoient re- » cueilli une récolte, ils préparoient la terre » pour l'ensemencer de nouveau; que l'inté- » rieur de leur continent étoit rempli de » villes, de villages & de terreins en bonne » valeur; que l'aspect d'un pays si bien cul- » tivé, paroissoit être un jardin immense cou- » vert de riz, de bled, de bœufs, de vo- » lailles & d'un grand nombre d'habitans aisés » & laborieux. «

William Smith, qui fut envoyé en 1726 pour visiter les établissemens de la côte de Guinée, confirma les mêmes observations sur les contrées de Delimina & Cap Corse. Il dit dans ses Mémoires :

» Plus vous descendez dans les parties qu'on » appelle les Côtes Esclaves, plus le sol paroît » riche, fertile & délicieux. « En parlant de leurs inclinations morales, il ajoute : » Ils sont

» un peuple doux, civil & d'un naturel excel-
» lent, induſtrieux au dernier degré; on s'ap-
» perçoit à chaque inſtant qu'ils ſont doués d'un
» eſprit vif, pénétrant, d'une intelligence des
» plus heureuſes, & qu'ils ſeroient capables de
» faire d'aſſez grands progrès dans les ſciences,
» ſi leur eſprit étoit cultivé par l'étude. «

Le même Obſervateur ajoute dans ſes écrits, une réflexion frappante que voici :

» D'après les rapports que je reçois jour-
» nellement de mes facteurs touchant leurs
» courſes dans cette contrée, les anciens Nègres
» de ces climats nous ont rapporté que le plus
» grand malheur de leur nation venoit d'avoir
» été connus & viſités par les Européens; que
» c'étoit les Chrétiens qui avoient introduit
» chez eux le trafic des eſclaves, & occaſionné
» leurs guerres inteſtines pour acheter les pri-
» ſonniers; & qu'avant ce malheureux tems,
» leurs guerres étoient très-rares; & qu'ils vi-
» voient ordinairement en paix. «

Un François, nommé Benezeth, homme ſincère & vraiment estimable qui a vécu long-tems en Amérique, & vu de près le sort & la traite des Nègres, rapporte les paroles suivantes dans un petit Ouvrage intitulé : *Avis à la Grande-Bretagne sur ses Esclaves*, &c..... *A Caution to Great-Britain and her Colonies in a short representation of the calamitous state of the Enslaved Negroes in the British Dominious, by Anthony Benezeth. Printed London James Philipps Lombard Street, 1784.*

» C'est avec raison que toutes les Relations » de ceux qui ont voyagé en Guinée nous » rapportent que leurs habitans sont laborieux, » ingénieux & humains; que leurs organes sont » sains, leur jugement solide, & leur esprit » propre aux arts & aux sciences; que leur » contrée est pleine de fruits délicieux: leurs » campagnes couvertes de moissons, de prai- » ries & de bestiaux, & qu'il n'existe point de » pays où les objets nécessaires à la vie & aux » habillemens soit à meilleur marché. Tout est » plus facile à s'y procurer que dans la plu- » part des autres contrées d'Afrique, & que

» dans les autres climats qui sont dans le » Nord (*a*). «

André Brue, l'un des principaux facteurs de la France, dit, dans la Relation de la grande riviere du Sénégal qui coule environ deux ou trois cents milles dans cette contrée : » Plus » vous avancez dans le continent en vous éloi- » gnant de la mer, plus le pays paroît riche » & les bords de ce fleuve fertiles & d'un grand » produit. La Guinée donne avec abondance du » bled d'Inde, du riz, du tabac, de l'indigo, » & des légumes excellens de toutes sortes » d'espèces. On rencontre par-tout de vastes » prairies, dont l'herbe épaisse & d'un verd » vigoureux sert de pâture à une quantité éton- » nante de gros & de menu bétail, & par-tout » on y voit dee troupeaux de volailles & d'oi- » seaux sauvages en abondance. «

Le même Voyageur, dans la Relation des parties du sud sur la riviere de Gambia, exprime

---

(*a*) Voyez *Some Historical account of Guinea*.

sa » vive surprise de voir un pays sauvage aussi » bien cultivé, où rarement le moindre mor- » ceau est négligé; où les terreins bas sont » coupés par petits canaux, dont les bords » sont semés de riz, & les terreins élevés cou- » verts de bled d'Inde, de millet & de pois de » plusieurs espèces; les bœufs, les moutons, » les volailles & toutes les choses nécessaires » aux besoins de la vie y sont à très-bon mar- » ché, & les peuples disposés à faire tout ce » qu'on leur demande. « Il ajoute » que la jus- » tice s'y rend comme en Europe; qu'il a lui- » même assisté à leurs tribunaux, & qu'il a été » témoin de plusieurs affaires qui ont été jugées » par le Roi de cette contrée, assisté de ses » vieux Conseillers; que le Monarque recueil- » loit leurs avis, & prononçoit lui-même ses » arrêts avec une précision & une équité frap- » pantes : que le meurtre & le crime de trahison » étoient les seuls punis de mort, & le ban- » nissement ou l'esclavage la punition des autres » forfaits. «

Il cite encore la ville de Dramanet au Sénégal, comme très-peuplée d'habitans justes, laborieux, & la plupart très-habiles Négocians.

Je terminerai les témoignages de ce savant Navigateur, en faveur de l'intelligence naturelle des Nègres & de l'heureuse existence de leur pays natal, en donnant une esquisse abrégée de l'histoire d'un Prince Nègre que le hasard fit tomber dans l'esclavage. C'est André Bluet qui l'a rapportée lui-même dans les Mémoires de ses voyages, où on peut la lire accompagnée des détails les plus intéressans. Elle est imprimée à Londres.

CHAPITRE XVII.

Histoire de l'esclavage du Prince Africain Job Ben. Salomon.

JOB Ben. Salomon étoit fils du Grand-Prêtre & Roi de Bunda, dont les états sont situés sur les bords de la rivière de Gambia. Il assista son père en qualité d'Iman, épousa deux femmes, la première, fille de l'Alfa ou Prince de Tombuto, dont il eut trois enfans; la seconde, fille de l'Alfa de Tomga, dont il eut une fille.

Un vaisseau anglois, arrivé dans la Gambia pour y charger des Nègres, excita la curiosité de ce jeune Prince; il s'y rendit *incognito*, suivi seulement de deux domestiques & d'un certain nombre de Noirs que son père le chargea de vendre au Commandant du vaisseau anglois.

Comme son père n'ignoroit pas que le jeune Salomon avoit un goût décidé pour les voyages, il l'exhorta à ne pas trop s'éloigner dans le continent, & ſur-tout de ne pas paſſer la grande rivière, parce que les habitans de l'autre rivage étoient ſes ennemis les plus implacables. Le Prince promit tout ce que ſon père vouloit; mais il ne lui tint pas parole.

Job Salomon partit au mois de Février 1730; mais, n'ayant pas été d'accord avec le Capitaine Anglois touchant le prix qu'il offrit des eſclaves, le jeune Prince renvoya ſes domeſtiques vers ſon père, lui en faire part, & le prier d'être tranquille à ſon égard, s'il ne revenoit pas encore; attendu qu'avant ſon retour, il déſiroit viſiter les environs de la mer.

Job oubliant les avis de ſon père, loua un interprète qui ſavoit la langue du pays qu'il vouloit traverſer : il paſſa la grande rivière; &, pour ſe débarraſſer de ſes eſclaves, il en vendit une partie pour quelques vaches. Quoique ce fût alors le mois appellé Mars, le climat de l'Afrique étoit ſi tempéré, qu'on éprouvoit déja la brûlante ardeur du ſoleil, lorſqu'il étoit à moitié de ſa courſe. La chaleur ayant engagé Job à ſuſpendre ſa marche, il s'arrêta ſous un gros arbre,

arbre, suspendit ses armes aux branches; & se coucha par terre : ses armes étoient composées d'un carquois rempli de flèches, d'un arc, d'un poignard d'or massif & d'un sabre dont la monture étoit enrichie de perles & la poignée en or; ses esclaves & son interprète se promenant aux environs, le perdirent de vue, & le prince s'endormit sans songer au danger qui l'environnoit.

Ses gens furent malheureusement rencontrés par une troupe de Mandingos voleurs des bois, accoutumés au pillage : ils n'échappèrent à leurs violences, qu'en prenant la fuite par un autre sentier. La même bande ayant passé auprès de l'arbre où dormoit Job, l'arrêta, lui vola ses habits & ses armes, le lia avec des cordes, lui & son interprète, & leur fit raser la tête & le menton, afin de les faire regarder comme des esclaves à vendre plutôt que comme des personnages de distinction. L'interprète eut beau déclarer aux Mandingos, que Job étoit le fils du Roi de Bunda. Ils ne voulurent en rien croire, ou firent semblant de l'ignorer; malgré sa suite, ses armes, son équipage & sa barbe qui l'annonçoient assez, ils les amenèrent tous deux au Capitaine Pike, le même Capitaine Anglois qui, trois jours auparavant, avoit refusé de lui acheter ses propres esclaves; & ce Commandant inhumain feignant aussi de le méconnoître l'acheta des voleurs & le confondit parmi ses autres Nègres.

Cependant, dans l'espoir de tirer une forte somme pour sa rançon, il permit à Job & à son interprète d'envoyer un exprès à son père pour l'informer de leur malheureux sort. Mais ses états étant situés près du comptoir de Joar, éloigné de la mer d'environ quinze journées de marche. Le Capitaine ne voyant pas arriver assez tôt des nouvelles du Roi qui n'étoit pas alors à Bunda, appareilla son vaisseau, partit pour le Maryland, & vendit le Prince Job & son compagnon à un Négociant Anglois appellé *Hunt*, qui les confia à son facteur *Michel Denton*, pour les vendre à son compte au plus haut prix possible.

On a su par la suite que son père avoit envoyé au Capitaine Pyke beaucoup d'esclaves pour racheter ſon fils, & qu'il avoit éprouvé la plus vive douleur en apprenant ſon départ & ſon eſclavage.

Malheureuſement pour le Prince Job, perſonne dans le Maryland n'entendoit ſon langage ni celui de ſon interprète. Il fut vendu à un Marchand appellé *Tolſey*, & occupé à la culture du tabac, où ſes forces s'épuiſoient chaque jour, quoiqu'il fît moins de travail que les autres eſclaves. Tolſey, qui ignoroit le ſort & la naiſſance de ce jeune homme, ſe repentit d'avoir acheté un eſclave peu vigoureux; mais intéreſſé par un ſentiment d'humanité bien rare parmi ſes pareils, il lui confia le ſoin de ſes beſtiaux, afin de lui donner le tems de rétablir ſes forces & ſon courage. Ce nouvel emploi parut plus doux à Job, & il s'en acquitta avec intelligence.

Ce jeune Prince étoit Mahométan; &, malgré la rigueur de ſon infortune, il en obſervoit ſouvent les pratiques religieuſes, en ſe retirant dans quelque lieu du bois le plus iſolé, pour n'y être interrompu de perſonne. Un jeune Blanc y fit attention, le guetta par espiéglerie, & se fit un plaisir malin de l'interrompre souvent dans ses dévotions: mais Job dont la foi étoit sincère & constante, continuoit toujours ses prières, quoique ce Blanc lui jettât par fois de la poussière & de la terre au visage. Il essaya de s'en plaindre; mais il ne fut écouté de personne: le désespoir d'être traité de la sorte, & de ne pouvoir pas même se faire entendre dans une contrée où tout homme noir étoit l'objet du mépris, il projetta de fuir, & dans la nuit, il s'échappa au-travers des bois; ne vivant le jour que de feuilles ou de plantes sauvages qui lui donnèrent souvent des coliques affreuses.

Après plusieurs jours de marche, de fatigue & de frayeurs continuelles, Job arriva dans le Comté de Kent sur les bords de la Delaware en Pensilvanie. Il y fut arrêté au mois de Juin comme esclave fugitif, parce qu'il n'avoit aucun passe-port, & ne pouvant pas même expliquer sa situation ni converser avec personne, il fut conduit en prison, où il fut traité avec tout le poids de cette ſévérité condamnable que les geoliers ſe plaiſent à appeſantir ſur cette malheureuſe partie du genre humain. A. Bluet, qui a été depuis l'ami intime & le compagnon de voyage de ce jeune Prince, ayant eu la curioſité de viſiter les priſons, y remarqua Job accablé de la plus vive douleur. Dès qu'il apperçut Bluet, il lui dit pluſieurs fois : *Allah*, *Mahomet*, *allah*, pour lui faire connoître qu'il étoit Mahométan. L'Anglois lui fit préſenter un verre de vin, qu'il refuſa de boire en le repouſſant avec horreur. Bluet comprit dès-lors qu'il étoit élevé dans le Mahométiſme ; & lui ayant trouvé une phyſionomie intéreſſante & des manières nobles & diſtinguées qu'il n'avoit jamais remarquées que parmi les Princes Africains, il imagina avec raiſon que ce jeune homme infortuné n'étoit pas un eſclave ordinaire, puiſqu'il avoit reçu une éducation auſſi rare parmi ſes pareils.

Bluet ayant appris de lui qu'il étoit originaire du royaume de Bunda, s'informa parmi tous les Nègres des habitations voiſines, s'il n'y en auroit pas un de la même nation ; ſes recherches eurent un ſuccès heureux : il trouva un vieux Nègre Jalof, qui ſavoit ſon langage & celui des Anglois : il fut amené au jeune Job, qui, dans la joie qu'il reſſentoit de retrouver un homme de ſon pays, le preſſa pluſieurs fois dans ſes bras, & embraſſa Bluet qui le ſouffrit par humanité. Le vieux Jalof, après avoir parlé avec Job, apprit enfin aux Anglois que ce jeune homme étoit un Prince Mahométan, fils de l'Alſa de Bunda ; que des voleurs l'avoient vendu au Capitaine Pyke, & qu'il avoit été conduit eſclave en Amérique, &c. &c. &c. On écrivit à ſon maître Tolſey, qui, touché de ſon ſort & de ſes malheurs, vint le chercher lui-même, le fit ſortir de ſa priſon, & le traita avec beaucoup d'égards & de conſidération. Il le conduiſit dans ſon habitation, le diſtingua de ſes autres eſclaves, en lui donnant un logement particulier pour y faire ſes exercices religieux. Il écrivit lui-même à ſon père, pour l'informer de ſa triſte ſituation & du déſir qu'il auroit de retourner en Afrique, s'il vouloit envoyer ſa rançon au maître Américain qui l'avoit acheté.

Tolſey remit la lettre du Prince à Denton, pour la donner au Capitaine Pyke qui projettoit alors un autre voyage en Afrique; mais ſon voyage n'ayant pas eu lieu, il envoya cette lettre à M. Hunt, avec prière de la faire paſſer en Afrique, à la première occaſion.

Un Anglois, nommé Ogléthorpe, apperçut par haſard cette lettre chez M. Hunt, & voyant qu'elle étoit écrite en langue Arabe, il la fit traduire par pure curioſité. Il trouva dans la lettre du jeune Job l'empreinte d'une ame courageuſe qui ſait ſupporter les malheurs, & ces ſentimens de grandeur, de nobleſſe & de généroſité qui ſont inconnues au vulgaire. Un jugement ſolide & vrai, des connoiſſances profondes, & un ſentiment de douceur, de juſtice & d'humanité, rendoient ſa lettre très-intéreſſante, ſur-tout lorſqu'il peignoit les traitemens rigoureux des Employés ſur les Africains. Il la finiſſoit, en ſuppliant ſon père, au nom de Mahomet, d'envoyer cent eſclaves à ſon maître Tolſey pour ſa rançon, & afin de reconnoître les égards & les témoignages qu'il avoit reçus chez lui pendant son esclavage.

Ogléthorpe éprouva tant d'émotion, après avoir lu cette lettre, qu'il promit une somme considérable à Hunt, afin de le déterminer à faire venir ce jeune Prinee à Londres. Hunt chargea son facteur d'Amérique de racheter Job, & de le faire partir sur le *William*, vaisseau anglois commandé par le Capitaine Wright.

Bluet, qui avoit contribué à le faire sortir de prison en lui découvrant son compatriote Jalof, avoit conçu pour ce jeune Prince beaucoup d'estime & d'affection. Lorsqu'il apprit qu'il devoit s'embarquer sur le *William*, & qu'il avoit été racheté, il engagea Bluet à le suivre en Afrique, l'assurant qu'il lui donneroit un des premiers emplois de son royaume; & que, s'il devenoit Roi, il partageroit avec lui ses États. Bluet se détermina à le suivre par reconnoissance & Job, en quittant son maître Américain, lui fit mille caresses, le remercia plusieurs fois de toutes ses bontés, pressa souvent sa main sur son cœur, & lui témoigna un grand regret de te qu'il n'avoit pas ſur lui beaucoup d'or à lui donner, pour lui prouver ſon affection & ſa ſenſibilité: après quoi il partit, accompagné de Bluet & de pluſieurs autres paſſagers qui alloient en Angleterre ſur le même vaiſſeau.

Comme il avoit été annoncé & recommandé au Capitaine Anglois, il fut traité à bord avec conſidération; & dans le peu de tems que dura la traverſée, il apprit paſſablement l'anglois, écrivit en lettres arabes les principaux termes de cette langue, & les apprit avec une facilité ſurprenante. Sa mémoire étoit prodigieuſe; il ſavoit tout l Alcoran par cœur, & le récitoit ſans jamais héſiter: ſes manières douces, affables & diſtinguées, ſon diſcernement & ſes attentions à n'offenſer perſonne, lui gagnèrent l'amitié de tous ceux qui le connurent en mer.

Il arriva à Londres dans le mois appellé Avril de l'année 1733, & deſcendit chez Hunt qui le logea décemment. Il demanda en arrivant où étoit ſon bienfaiteur Ogléthorpe, & il témoigna une douleur profonde, lorſqu'il apprit que des affaires l'avoient obligé à faire un voyage dsns la Géorgie,

Bluet lui-même, intime ami du Prince, s'absenta pour aller visiter ses parens & sa famille qui habitoient les environs de la capitale. Après y avoir passé quelques jours, il revint à Londres, & fut voir en arrivant son ami Job. Il le retrouva triste, pâle, abattu & absorbé dans de profondes méditations. Lui ayant demandé la cause de sa mélancolie, Job lui répondit : » Comment ne serois-je pas affligé dans une » terre étrangère, où tous ceux qui m'avoient » témoigné de l'amitié cherchent à s'éloigner » de moi ? Seul, misérable, abandonné de la » Nature entière, n'ayant aucunes nouvelles de » mon pays ni de ma famille ; Ogléthorpe qui » m'a fait venir ici, va courir à deux mille » lieues de moi ; mon seul & meilleur ami Bluet » me quitte sans cesse ; &, pour mettre le comble à mes infortunes, plusieurs personnes » offrent à Hunt de m'acheter fort cher, pour » me précipiter encore dans l'esclavage aux » extrémités de l'Asie. Juge toi-même si la

» crainte des nouveaux malheurs qui me me-» nacent, n'eſt pas capable de me cauſer de » vives alarmes. « Bluet, touché de ſa ſituation, employa tous ſes ſoins à calmer ſa vive inquiétude, & obtint de Hunt la permiſſion de l'emmener à ſa maiſon ſituée dans le Comté d'Hertford, en lui donnant caution qu'il ne s'évaderoit pas, & ne quitteroit pas ſon habitation ſans le conſentement de Hunt.

Job ſatisfait quitta Londres avec plaiſir, & témoigna à Bluet une vive ſatisfaction de vivre au ſein de ſa famille, auprès de ſon meilleur ami. Tous les habitans d'Hertford, qui eurent occaſion de le voir, furent enchantés de ſon humeur & de ſes manières, prirent beaucoup de part à ſes peines, & le comblèrent de careſſes & d'amitiés. Lorſqu'il y eut ſéjourné quelque tems, il intéreſſa plus vivement encore ceux qui eurent occaſion de le connoître, & la plupart offrirent de lever une ſomme volontaire ſur tous les gens honnêtes de ce canton, pour payer à Hunt ſa rançon, & fournir aux frais de ſon retour dans ſa patrie.

Cette souscription se retardoit, lorsqu'un homme généreux & compatissant la fit réussir, en souscrivant le premier pour une somme assez considérable. Le prix de sa rançon fut bientôt plus que complet; & les Directeurs de la Compagnie d'Afrique, informés de ces actes d'humanité, voulant y contribuer aussi, envoyèrent un ordre à M. Hunt de fournir l'état des dépenses qu'il avoit faites pour Job. La Compagnie les lui remboursa en entier; & pour mettre le Prince à l'abri de toutes les craintes, après que sa rançon eût été payée, la Compagnie le logea, l'entretint, & lui fournit tout ce qui lui étoit nécessaire jusques à son départ pour sa patrie.

Dès ce moment, le jeune Prince, plus satisfait, ne cessoit de faire éclater sa vive reconnoissance pour les généreux Anglois, dans les termes les plus expressifs & les signes les plus touchans. Son plus grand plaisir, disoit-il, étoit de visiter ses bienfaiteurs, & sa plus grande peine d'être obligé de s'en séparer probablement pour toujours.

Le Chevalier Huns Sloane fut un de ceux qu'il visita le plus souvent; &, par reconnoissance, il lui traduisit en anglois plusieurs manuscrits arabes & d'autres morceaux curieux.

Job ayant un jour entendu parler de la famille royale, & des tendres soins que la Reine prenoit de ses enfans, témoigna le plus grand desir de la voir avant son départ pour l'Afrique. Il pressa vivement le Chevalier Sloane de l'y conduire, quand elle retourneroit de Windsor. Pour procurer au Prince Job cette satisfaction, on lui fit faire un riche habit de soie dans le costume Africain; &, peu de jours après, il fut présenté au Roi, à la Reine, & aux jeunes Princes de la famille royale. Il fut parfaitement accueilli, reçut des présens de la Reine, & fut invité à manger chez plusieurs Ducs & Lords d'Angleterre. Pour lui procurer plus d'agrément à Londres, tous les Grands qui l'avoient vu se réunirent, & lui firent aussi présent d'une somme considérable & de plusieurs bijoux & instrumens de physique, de labourage, &c. &c. &c. pour lesquels il avoit témoigné du goût & des connoissances. On lui remplit plusieurs caisses de ces divers objets ; &, après avoir séjourné plus d'un an en Angleterre, il prit passage sur un vaisseau de la Compagnie qui faisoit route vers ses Etats, & entra dans la rivière de Gambia dans le mois appellé Août en 1734.

Graces aux lettres de recommandation qu'il avoit reçues de la Compagnie & de plusieurs Grands d'Angleterre, il fut traité en mer avec dignité, & reçu avec tous les égards les plus distingués par les Gouverneurs Anglois qui sont résidens sur les côtes. Le desir de surprendre agréablement son père, le décida à s'embarquer, le 23, sur une grande chaloupe qui alloit au comptoir de Joar.

Le 26 du même mois, ayant mis pied à terre aux environs de Damazensa, Job s'assit sous un arbre avec les Anglois qui l'accompagnoient. Peu après, sept ou huit Nègres Mandingos, de la même nation de ceux qui l'avoient enlevé & vendu esclave, passèrent auprès du lieu où ils étoient couchés. La colère & le ressentiment s'emparèrent aussi-tôt du jeune

Prince. Dans ſa première fureur, il ſauta ſur ſon ſabre & ſes piſtolets, & les auroit tous terraſſés, ſi le facteur Anglois qui l'accompagnoit ne l'eût arrêté. » Tu as raiſon, lui répondit-il. » *il eſt plus beau de pardonner à ſes ennemis,* » *lorſqu'on peut leur ôter la vie.* «

Il fut lui-même le premier à raſſurer les Nègres Mandingos : il les appella, leur donna des fruits à manger, & leur demanda comment ſe portoit le Roi leur maître, celui qui avoit fait conduire le jeune Job eſclave au Capitaine Pyke. — » Il eſt mort, (répondirent-ils;) & » le même piſtolet que le Prince Job portoit » ordinairement à ſon col, lui a ôté la vie » lorſqu'il voulut le porter lui-même. «

Ce Prince, tranſporté de joie, tomba auſſitôt à genoux, & rendit graces à Mahomet de l'avoir vengé, en puniſſant ſon ennemi avec les mêmes armes qui lui avoient été enlevées. Après un moment de ſilence, il s'aſſit, & ſe tournant vers les Anglois qui le regardoient avec une ſingulière curioſité, il leur dit d'une voix haute & animée : » Vous le voyez, chers amis ; le

» Dieu du ciel & de la terre n'a pas approuvé
» l'action de cet homme en me vendant pour
» l'esclavage, puisque les armes mêmes qu'il
» m'avoit volées ont servi dans ses propres
» mains à sa destruction. Je viens d'en rendre
» graces au ciel ; mais je lui aurois pardonné,
» s'il vivoit encore, parce que s'il ne m'avoit
» pas vendu, je n'aurois jamais connu peut être
» l'Amérique, l'Europe, la languë angloise, &
» ces braves & généreux Anglois qui m'ont
» délivré. «

Moore, facteur, témoin de tous ces faits & qui se rappelloit ce discours, assura, dans le rapport qu'il en fit au Gouverneur Anglois, qu'il seroit rare de trouver un Européen qui exprimât sa reconnoissance & sa générosité envers ses ennemis avec plus d'éloquence & de grandeur d'ame. Ils arrivèrent le premier Septembre à Joar. Job y rencontra un Fouly de sa connoissance, qui, tombant à ses pieds, pressa ses genoux, & lui témoigna une grande joie de revoir le fils de son Roi. Il le chargea d'aller à Bunda annoncer son arrivée à sa femme, ses enfans

enfans & à son père, & de leur porter quelques présens d'Europe.

Ayant rencontré sur sa route un de ses oncles qui vint au-devant de lui pour s'assurer si le bruit qui se répandoit de son retour étoit certain, il répandit des larmes en l'embrassant, & lui témoigna beaucoup d'affection. Ce vieillard lui ayant dit en langue nègre : » Je ne m'attendois plus, ami Job, de te revoir jamais; car » depuis soixante ans, tu es le premier esclave » que j'aie vu revenir des Isles Américaines, & » je pensois que tu y avois été mangé ou tué, » comme les autres Noirs qui y ont passé avant » toi. — Cela est faux, lui répondit Job avec » impatience : les Anglois font bien travailler » leurs esclaves; mais ils ne les tuent pas, & » ils ne les mangent jamais. Ils sont trop bons » & trop généreux pour cela. Le maître à qui » je fus vendu, m'a fait travailler comme tous » les autres esclaves : mais s'étant apperçu que » je maigrissois, & que les fatigues continuelles » des champs épuisoient ma santé, il m'en a » exempté, & m'a confié le soin & la conduite

» de ses bestiaux; puis d'autres braves Anglois » m'ont fait venir en Angleterre, où ils m'ont » tous bien reçu, fait beaucoup de présens, » payé ma rançon, & renvoyé à leurs frais » dans ma patrie. «

Ce discours toucha vivement son oncle, & le jeune Job ne cessoit jamais d'exprimer avec tout le feu de la reconnoissance les procédés généreux qu'il avoit reçus chez les Anglois, en faisant revenir sa nation des idées qu'elle avoit toujours conçues de l'esclavage.

Ce fut en route qu'il fut instruit de la mort de son père, qui, avant de finir sa carrière, avoit appris avec joie le retour de son fils. Quelques jours avant, il reçut une lettre de ses femmes qui lui causa quelque douleur. On lui écrivoit que la première femme qu'il avoit épousée, n'espérant jamais son retour, & n'ayant même reçu aucunes nouvelles de lui, quoique plusieurs vaisseaux d'Amérique fussent venus souvent dans leur contrée, s'étoit enfin remariée pendant son absence, le croyant mort & mangé : mais que du moment qu'elle avoit appris son retour, elle avoit congédié ſon ſecond mari, pour recevoir Job qu'elle n'avoit jamais ceſſé d'aimer.

Le jeune Prince témoigna beaucoup de douleur de la mort de ſon père; mais il proteſta qu'il pardonnoit de bon cœur à ſa femme de s'être remariée, & qu'il faiſoit grace au ſecond mari, parce qu'il ne trouvoit en lui aucun tort. En conſéquence, il écrivit à ſa femme de renvoyer ce nouveau mari, & de lui rendre exactement tout ce qu'elle en avoit reçu, tant qu'ils avoient vécu enſemble.

Job, avant de quitter le facteur Anglois qui l'accompagnoit, écrivit beaucoup de lettres pour l'Angleterre, adreſſées à la Compagnie d'Afrique, au Duc de Montagu, & à tous ſes libérateurs & amis. Les traductions qu'on en fit à Londres & en Amérique annoncent un cœur ſenſible, vivement pénétré de la plus vive reconnoiſſance.

Ce Prince arriva enfin à Bunda, où il fut reçu en Souverain, il dépoſa cet air d'orgueil & de tyrannie qui exiſte parmi les Souverains d'Afrique, pour prendre un ton de grandeur &

de bienfaiſance qui le faiſoit adorer. Depuis ce tems, il annonça beaucoup moins de ſévérité dans les jugemens qu'il rendoit parmi ſes ſujets ; mais il déclara que l'eſclavage ſeroit la peine qu'il infligeroit preſque toujours aux grands crimes qui troublent la ſociété, & il répétoit ſouvent cette plaiſanterie : Cela les rendra plus honnêtes gens, quand ils auront vécu parmi les Anglois.

Ce Prince vraiment eſtimable, d'un caractère doux, compatiſſant & religieux, d'un courage étonnant dans le danger, doué de connoiſſances aſſez vaſtes pour un homme de ſa nation, vécut encore long-tems parmi ſes peuples qui le regardoient comme un dieu. Il les gouverna avec bonté, les aſſura ſouvent que c'étoit aux Anglois qu'il devoit tout ce qu'il avoit appris ; il mérita de ſes propres ſujets le titre ſublime de *Job le bon Prince*, & fut conſidéré avec raiſon comme le Titus de l'Afrique.

L'hiſtoire de ce jeune homme ſuffira, je penſe, pour prouver que les Nègres ſont des hommes ſemblables à nous ; que s'ils ont moins de connoiſſances, ils en poſsèdent d'autres que nous ignorons, & qu'ils ſont diſpoſés & organiſés de manière à acquérir toutes les nôtres, ſi on les y élevoit journellement, & qu'ils reçuſſent la même éducation que les Européens; à juger enfin par comparaiſon, le bas peuple des nations d'Afrique avec le bas peuple des nations Européennes, on pourroit peut-être décider avec impartialité que l'Africain a autant de raiſon, d'aiſance & de connoiſſances que l'Européen, & que ſon exiſtence douce & facile ſous un beau ciel qui fertiliſe ſes terres avec peu de culture, ſeroit préférable au ſort des pauvres cultivateurs ou habitans d'Europe, ſans ces guerres déſaſtreuſes qu'ils apportent preſque tous les ans dans notre patrie.

CHAPITRE XVII.

Témoignages des Auteurs Anglois contre l'esclavage.

QUOIQUE l'Anglois soit, de toutes les nations Européennes, celle qui a poussé le plus loin toutes les rigueurs de l'esclavage, on distingue parmi eux plusieurs grands hommes qui ont écrit en notre faveur, & annoncé les sentimens les plus justes & les plus généreux.

Georges Wallis, dans son Ouvrage intitulé : *Système des Loix générales d'Écosse*, a publié de sages réflexions concernant la traite des Nègres. En voici un extrait.

» Si la justice morale & la raison humaine
» peuvent jamais parvenir à justifier ce com-
» merce, il n'est point de crimes, même les
» plus atroces, qui ne puissent également être
» justifiés. Tous les Gouvernemens de la terre
» ont été institués pour le bonheur des peuples.

» Mais les Rois, les Princes & leurs Gouver-
» neurs ne ſont pas les propriétaires de ceux
» qui ſe ſont ſoumis à leur autorité; s'ils ont
» le droit de les gouverner, ils n'ont pas celui
» de les rendre miſérables; au contraire, un
» tel pouvoir ne leur a été confié, qu'afin d'en
» faire un juſte emploi, dont les moyens ſe
» réuniſſent tous pour accroître leur félicité
» générale.

» Enfin, dans aucune époque de leur règne,
» ils n'ont le droit de diſpoſer de leur liberté,
» ni de les vendre pour être les eſclaves d'une
» nation étrangère aux extrémités de la terre.
» Perſonne dans l'univers n'a le droit d'ac-
» quérir ni d'acheter ſon ſemblable, l'homme
» & ſa liberté ne pouvant jamais être à ven-
» dre. Celui qui s'en empare eſt un lâche
» perſécuteur qui achete d'autrui un bien qui
» ne lui appartenoit pas. Un tel commerce ſera
» toujours condamné par toutes les nations
» juſtes & impartiales, & défendu par toutes
» les loix de la nature & de l'humanité.

» La raiſon ſeule démontre avec évidence

» que ces êtres infortunés que vous prétendez » être esclaves ont tous le droit d'acquérir leur » liberté, toutes les fois qu'ils en auront l'oc-» casion; & comme c'est par la violence ou la » force qu'elle leur fut ravie, ils ont égale-» ment le droit de faire usage des mêmes » moyens que vous, pour reprendre un bien » que jamais ils n'ont voulu vendre.

» Le droit des nations a également adopté » ces principes de liberté que tout homme » porte sans cesse avec lui. Eh ! que peut-on » donner à l'homme, en retour de son sang, de » sa liberté, de ses affections, de son tems, de » son gain & de sa vie même? Il n'est aucun prix » sur la terre capable de payer tout cela, » puisque le prix même qui en seroit donné à » l'esclave appartiendroit aussi tôt au maître de » cet esclave. Il faut bien que cette opinion » ait paru généralement équitable, puisque » dans tous les Gouvernemens d'Europe, du » moment qu'un esclave met les pieds dans le » continent, il est réputé libre après un délai fixé » par les loix. On sait que son maître, perdant alors

» toute propriété ſur lui, n'a plus le droit de
» le forcer à ſe rembarquer pour retourner en
» Amérique, à moins qu'il n'y conſente libre-
» ment. Voilà la loi de la nature qui eſt écrite
» dans tous les tems, dans tous les lieux, &
» dans le cœur de tous les hommes de la
» terre. «

Quel eſt l'Européen ſincère qui, enlevé par des Corſaires du ſein de ſon pays natal, ne ſe croiroit pas toujours en droit de recouvrer ſa liberté, & d'être déclaré libre? Croyez-vous donc que ces malheureux Africains, qui ont ſubi le même ſort, n'aient pas conſervé le même droit que vous? Pourquoi donc ſouffrir plus long-tems un cruel uſage qui révolte avec raiſon toutes les ames honnêtes & ſenſibles, & ne pas proſcrire un commerce barbare qui eſt auſſi évidemment contraire à toutes les loix de la raiſon & de l'humanité, & à tous les principes des Religions de la terre qui nous ordonnent de faire du bien à tous les hommes?

L'Auteur d'un Pamphlet intitulé : *Eſſai pour la defenſe du Continent de l'Amérique & de ſes*

Colonies (a), avance que la ſervitude que nous avons impoſée ſur les Africains eſt une tyrannie incompatible avec toute juſtice & toute police civile; 1°. parce qu'elle tend à anéantir tous les progrès des arts & des ſciences, ſans le ſecours deſquels il eſt impoſſible qu'une nation ſoit heureuſe, éclairée & puiſſante: 2°. parce qu'elle corrompt le cœur & l'eſprit de tous les hommes libres, en éteignant dans leurs ames tous les ſentimens de la nature, de la vertu & de l'humanité: 3°. enfin, parce que ce trafic eſt dangereux pour nous-mêmes, par les haines violentes & les commotions ſouvent dangereuſes d'un peuple opprimé toujours prêt à ſe révolter. J'ajouterai encore, d'après l'aveu même des cœurs qui ne ſont pas encore endurcis à ce commerce cruel, que l'eſclavage eſt une uſurpation faite à l'humanité, un vol & une violation perfide de tous les droits de l'homme.

Il n'exiſta jamais ſur la terre de maxime plus

(a) *An Eſſay in Vindication of the Continental Colonies of America. Printed London.*

fausse que celle de dire : Je suis forcé par la nécessité d'acheter des esclaves pour cultiver mon habitation : car, 1°. il n'est pas prouvé qu'on ne puisse faire la même culture avec des bœufs ou des chevaux : 2°. à quel terme fixerez-vous les bornes de cette nécessité prétendue ? Le scélérat le plus féroce ne peut-il pas, comme vous, excuser tous ses crimes, en affirmant que la seule nécessité de boire & de manger l'a entraîné à voler & à commettre des homicides ?

Ainsi le fameux Milton blâma cette excuse perfide avec énergie, lorsqu'il écrivit :

> *..................and with necessity,*
> *The Tyrant's Plea, excuse his devlish Deed.*

(» C'est ainsi que les vrais Tyrans excusent leurs » actions infernales, en disant : La nécessité m'y » força. «)

C'est un acte inhumain que de dépeupler l'Afrique, pour en faire périr les habitans dans un continent ou des îles mal saines, dans une culture violente qui les épuise, accablés de traitemens cruels qui les y font périr de douleur, de misère & de faim.

» Eſt-ce à une nation chrétienne & à des » peuples civiliſés, à encourager l'eſclavage, » parce que des Sauvages ou des Barbareſques » nous en ont donné l'exemple ? Cette penſée » eſt affreuſe. Dans ce cas, il eſt donc permis » auſſi de voler & d'égorger ſur toute la terre » les voyageurs, parce qu'en Europe on trouve » des voleurs & des aſſaſſins qui commettent » de ſemblables crimes. «

Facteurs honnêtes & vertueux, ceſſez de nous faire éternellement des outrages & de nous avilir par des calomnies pour juſtifier toutes vos cruautés : non, même avec le ſecours de vos impoſtures, vous n'y réuſſirez jamais. L'Europe qui s'éclaire verra tous vos menſonges, & rougira de vos fureurs. Les Princes & les Magiſtrats qui vous gouvernent adouciront enfin nos tourmens ; & par des loix ſages & modérées feront chérir éternellement leur empire & leur bienfaiſance.

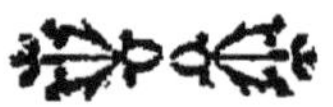

CHAPITRE XIX.

Suite du même ſujet.

JAMES *Foſter*, dans ſes Diſcours ſur la Religion naturelle & la vertu ſociale (*a*), témoigne également ſa juſte indignation contre le trafic des Nègres. Voici ſes paroles :

» En parcourant l'hiſtoire des Grecs & des » Romains, on ne voit nulle part qu'ils aient » acquis des eſclaves dans l'eſpoir d'en faire un » objet de vente ou de commerce. En ſuppo» ſant même qu'ils euſſent pu le faire, je dou» terai toujours qu'ils euſſent voulu enchaîner & » acheter leurs ſemblables, pour les revendre » à des étrangers, s'ils n'avoient pu ſe les pro» curer qu'en excitant ces peuples à ſe faire la » guerre entr'eux, & à répandre beaucoup de

(a) *Diſcourſes an Natural Religion aud ſocial Virtues*, page 156, vol. 2.

» ſang pour leur céder leurs priſonniers. Ils » n'auroient pas renoncé à la dignité primitive » de la nature humaine, pour en dépouiller » des malheureux en exerçant ſur eux des vio- » lences & des cruautés qui leur auroient fait » horreur, & en traitant leurs égaux avec plus » de dureté que leurs bêtes ; n'aurions-nous pas » ſujet, s'ils euſſent été dans ce cas, de mé- » priſer & de condamner leurs beaux principes » de morale, comme des rafinemens de tyrannie » & de cruauté ? Les Nérons & les Caligula » étoient moins barbares que nous, & il faut » néceſſairement en conclure que quoique les » Romains ne poſſédaſſent pas, comme nous, » une Religion auſſi ſainte, des loix de police » auſſi étendues, & ces connoiſſances brillantes » dont l'Europe moderne ſe vante avec tant » d'orgueil, ils furent cependant moins diſpo- » ſés que nous à enfreindre les loix les plus » ſacrées de la nature, de la vertu & de la » bienfaiſance.

» Oſons rentrer un inſtant dans nous-mêmes ; » nous qui déclarons profeſſer le Chriſtianiſme,

» qui possédons l'avantage éminent de connoître
» tous nos devoirs par des préceptes immortels
» gravés dans nos âmes par la volonté même d'un
» Dieu, nous qui jouissons de tout l'éclat & la
» certitude d'une lumière céleste & spirituelle,
» pour diriger nos pensées, nos paroles & nos
» actions ; nous sommes les premiers à fouler
» aux pieds de si précieux avantages, & à ré-
» pandre par notre conduite, parmi ceux même
» que nous appellons Sauvages, l'opinion la
» plus détestable de notre doctrine & de nos
» mœurs. Nous prêchons la paix, la fraternité
» & la concorde dans nos discours ; tandis que
» nous semons la discorde, les tourmens, la
» guerre, & que nous affoiblissons & détruisons
» de toutes nos forces ce doux lien de la nature
» qui attache l'homme à son semblable, puisque
» nous faisons des actions qui sont entiérement
» contraires à nos principes.

» Nous allons même jusqu'à convenir que
» nous regarderions comme les excès les plus
» violens de la tyrannie, si quelqu'autre nation
» de la terre, qui différeroit de nous par sa

» forme ou la couleur de sa peau, prenoit sur » nous assez d'empire pour nous réduire à l'état » d'une servitude aussi rigoureuse que celle que » nous imposons aux Africains ; mais nous con- » tinuons cependant à leur faire éprouver tou- » tes les horreurs de l'esclavage. Il en résulte » avec évidence que nous sacrifions sans peine » notre raison, notre Religion, nos principes » & tous les avantages de la plus saine philo- » sophie, pour un gain sordide & abominable ; » que nous enseignons aux autres nations à » bien parler & à mal agir, en méprisant tous » les devoirs de la vertu sociale, dès qu'on » peut trouver le moindre profit à les en- » freindre. Nous prenons le plus sûr moyen de » mettre obstacle à la propagation du Christia- » nisme en leur offrant dans ceux même qui le » leur annoncent des exemples de l'hypocrisie » la plus meurtriere ; les modèles d'un pouvoir » tyrannique, d'une oppression barbare & d'un » système dont les partisans sont les ennemis les » plus implacables de tout le genre humain. «

Vraisemblablement tout ce que je viens de dire

dire sera d'un foible poids pour remédier aux douloureux effets d'un crime atroce qui se répand chaque jour davantage ; mais au moins j'aurai la satisfaction d'avoir publiquement protesté & porté mon témoignage contre cette affreuse pratique.

Si l'on veut consulter encore les Auteurs anciens de Rome, de la Grèce & des principaux États où l'esclavage fut établi, on verra que leurs principaux Ecrivains blâmèrent cette méthode cruelle d'enchaîner & d'avilir son semblable. Ils ont généralement avancé que l'homme esclave & abruti par son travail, n'est plus tenté de se reproduire, parce qu'un enfant n'est pour lui qu'un nouvel être destiné à accroître & à éprouver tous ses malheurs. Cette idée est d'une vérité si frappante, que quoique les Grecs, & notamment les Athéniens, fussent très-indulgens envers leurs esclaves, ils n'avoient aucun goût pour le mariage & la population. Il suffit pour s'en convaincre, de lire à ce sujet ce que *Plaute*, *Xénophon* & *Démosthènes* ont publié sur ce point.

Le savant *Hume*, dans son excellent Essai sur

la Population des Anciens, nous montre combien l'inhumanité dont on uſe à notre égard dans toutes les Colonies, contribue à nous faire conſidérer avec douleur tous les liens qui tendent à nous reproduire. Ne ſommes-nous pas aſſez malheureux, ſans chercher à multiplier encore des infortunés ſur la terre? & quand nous le deſirerions, ne ſavons-nous pas que l'avidité de nos maîtres ne conſentiroit qu'à regret à ſe priver du travail de ſes Négreſſes durant les deux derniers mois de leur groſſeſſe où elles auroient beſoin de repos. Contraintes malgré leur état à des travaux forcés, elles avortent preſque toujours, & portent rarement leur fruit à terme. Quels tendres liens pourroient nous attacher ſur la terre, tant que nous y ſerons deſpotiquement gouvernés par des ames vénales qui ſe font un plaiſir cruel de détruire notre exiſtence & l'eſpèce entière de nos générations futures, par le ſeul eſpoir d'un léger profit?

CHAPITRE XX.

Ordres de la Reine Elisabeth, de Louis XIII & de Louis XVI, pour adoucir l'esclavage.

Du sein de tant d'horreurs accablantes, l'ame attristée s'épanouit, & les cœurs sensibles s'attendrissent en jettant un doux regard sur les Souverains généreux & les Princesses bienfaisantes qui ont tenté d'adoucir les rigueurs de notre destinée.

Je n'ai jamais passé devant le superbe édifice de Saint-Paul à Londres, sans regarder avec une tendre vénération la statue de votre grande Reine Elisabeth. Voilà, me dis-je à moi-même, voilà l'image de la plus grande protectrice des malheureux Africains réduits à l'esclavage; oui, mon cœur se rappelle toujours avec transport tout ce que cette Princesse bienfaisante a fait pour adoucir nos peines.

Ce fut ſous ſon règne que commença le commerce odieux de la traite des Nègres ; & ce fut par ſon ordre (dit-on) que le Capitaine Hawkins fit un premier voyage ſur les côtes d'Afrique en 1563.

A ſon retour, il vint rendre compte à cette Souveraine de toutes ſes obſervations, & ſurtout des moyens d'y acheter à vil prix ſes ſemblables pour les revendre fort cher dans les Colonies. Le rapport de ſon voyage étoit accompagné de tous les détails néceſſaires pour en faire apprécier les avantages & en aſſurer les ſuccès.

La Reine Eliſabeth frémit d'horreur, en apprenant les moyens de violence qu'il avoit employés pour nous charger de fers & nous plonger dans toutes les misères de l'eſclavage. Cette généreuſe Princeſſe regardant comme une partie de ſes ſujets tous les Nègres infortunés qu'un deſtin malheureux avoit traînés dans ſes Colonies Américaines, ordonna expreſſément au Capitaine Hawkins & aux Commandans des autres vaiſſeaux qui iroient en Guinée, de n'embarquer jamais aucun Nègre d'Afrique, sans que chacun d'eux n'y consentît volontairement. Elisabeth, dans son Ordonnance, s'annonçoit ainsi : » Toutes les violences & les » mauvais traitemens que vous emploieriez en- » vers ces esclaves, seroient des actions détes- » tables que je vous défends, parce qu'elles » attireroient sur vous la haine des hommes & » la juste vengeance des cieux. «

O Reine équitable, digne des plus grandes louanges qu'on puisse donner à des êtres mortels ; oui, ce fut la Divinité même qui t'inspira ce généreux sentiment : mais tes ordres bienfaisans furent trop mal remplis. Le Capitaine Hawkins qui t'avoit promis exactement de les suivre, fut le premier à les enfreindre. Il l'avoua lui-même dans l'Histoire de ses Voyages (*a*), en parlant de sa seconde traversée en Afrique, lorsqu'il écrivit de sa propre main : » Alors » commença la pratique d'user de force, de » ruses, de guerres & de violences, pour

(a) *Hawkin's History*, second Voyage.

» plonger les Africains dans l'esclavage, non-
» seulement sur les côtes de la Guinée, mais
» encore jusques chez les peuples qui habitent
» dans l'intérieur du continent à plus de cent
» lieues de la mer, &c. «

Nous ne cesserons jamais de nous rappeller avec la même satisfaction le nom chéri de Louis XIII, dont l'ame douce & compatissante souffrit vivement, lorsqu'on lui rendit compte de tous les moyens violens dont on se servoit dans la Guinée pour nous rendre esclaves. Son cœur se refusoit à donner cette loi sanguinaire qui condamnoit tous les prisonniers de l'Afrique à être enchaînés & conduits dans les déserts de l'Amérique; mais il se crut obligé d'y consentir par des motifs d'humanité & de religion; & ses favoris imposteurs lui ayant fait envisager que c'étoit le meilleur moyen de les empêcher d'être dévorés par leurs ennemis, & de parvenir à les convertir au christianisme, il s'y rendit à regret. Ce fut souvent le sort des Rois d'être trompés par ceux qui les environnent.

Monarque foible, mal éclairé, si tu avois

obéi à la voix de ton cœur plutôt qu'aux pièges de tes courtiſans, tu aurois obéi aux loix divines, & mépriſé les rapports inſidieux que l'hypocriſie & la cupidité te rendirent pour corrompre & dénaturer la juſte ſenſibilité de ton ame.

J'ignore quels ſont les ſentimens des autres Souverains ou des Princeſſes de l'Europe à notre égard; mais quand je vois un Louis XVI, dont la tendre compaſſion vient d'affranchir les ſujets de pluſieurs provinces du fardeau des corvées, reſtes odieux de l'eſclavage féodal.... quand j'apprends qu'une Impératrice a aſſez de courage pour déclarer au Clergé de ſon Empire qui vexoit ſes autres ſujets : *Malheur aux perſécuteurs*; quand j'entends enfin les premiers génies de l'Angleterre faire retentir leurs voix dans les Tribunaux, & s'occuper des moyens d'adoucir notre cruelle exiſtence.... je crois au fond de mon cœur que tous les Souverains & les riches habitans de l'Europe s'intéreſſant aux rigueurs de notre deſtinée, daigneront les modérer un jour, & mettre une fin prochaine à un esclavage dont la férocité leur a été trop long-tems inconnue, quoiqu'elle y soit destructive de leurs vrais intérêts, & que de telles violences tendent à la perte même de leurs colonies.

Oui, Princes & Souverains, nous sommes tous vos sujets, & vos sujets les plus soumis, quoique les plus malheureux de toute la terre; nous sommes des êtres sensibles & laborieux, qui, par nos travaux continuels, multiplions l'aisance de vos cultivateurs, le commerce de vos peuples, la richesse de vos états, & la ressource de vos empires. C'est nous seuls qui arrosons nuit & jour vos possessions Américaines de nos sueurs, de notre sang & de nos larmes, pour y recueillir la faim, la soif, les souffrances & le désespoir; mais c'est nous aussi qui, comptant sur votre protection généreuse, osons nous jetter à vos pieds, & vous supplier d'adoucir nos misères affreuses. Ne nous refusez pas au moins d'ordonner à des Ministres équitables de se faire informer par des Européens honnêtes si nos plaintes sont justes, & qu'un jour plus heureux laiſſant échapper ſur nous un rayon de votre bienfaiſance, diſſipe nos tourmens, & nous faſſe chérir la douceur & la félicité de votre empire.

O vous, Magiſtrats reſpectables, que la voix des citoyens a placés entre le Monarque & ſes Sujets, pour éclairer le Prince & protéger les Peuples, n'étouffez pas dans vos cœurs, nos droits trop long-tems mépriſés.... Si More-Lack a la témérité de vous en impoſer, puniſſez ſon audace: je me ſoumets d'avance à vos jugemens les plus rigoureux; mais ſi ma plume ſincère vous annonce la vérité, éclairez les cœurs de vos Rois; diminuez le poids de nos travaux; ordonnez à vos colons de nous traiter avec moins de rigueur, & de nous donner aſſez d'alimens pour réparer les pertes de la nature: laiſſez-nous entrevoir dans un avenir prochain la fin de nos tourmens. Après plus de deux cents ans de rigueurs cruelles, ſoyez juſtes & miſéricordieux envers nous, puiſque vous êtes les ſoutiens des malheureux & leurs vrais protecteurs ſur la terre.

CHAPITRE XXI.

Sociétés Chrétiennes ou Philanthropiques qui ont cherché les moyens d'adoucir & d'anéantir l'esclavage.

TOUTES les Sociétés Chrétiennes, même celles qui se sont quelquefois montrées intolérantes, n'ont pu s'empêcher de gémir en voyant notre douloureuse existence, & combien de meurtres & de suicides ont éclaté parmi nous par la politique de vos facteurs & la cruauté de nos maîtres.

Les non-Conformistes, les Presbytériens, les Indépendans, &c. &c. ont ouvertement témoigné leur tendre commisération à notre égard, & blâmé les actions détestables de nos persécuteurs. Rome même a fait faire dans tous les Empires, des quêtes & des missions pour la délivrance des esclaves François enlevés par les Algériens ou les Barbaresques, quoiqu'ils n'y souffrent pas la moitié des mauvais traitemens que nous éprouvons dans les colonies Américaines.

Mais de toutes les sociétés religieuses, celle qui s'est le plus distinguée par sa sensibilité, sa candeur & son humanité bienfaisante, c'est celle des Quakers; exacte dans ses devoirs, ses actions, d'accord avec ses principes, ont toujours eu en horreur l'effusion du sang humain, & tous les moyens de guerre & de destruction qui, armant l'homme contre son semblable, les rend plus féroces que des tigres & des lions. Cette société paisible & respectable a blâmé toutes vos fureurs sanguinaires. On a beau la vexer par des amendes arbitraires, des insultes grossières, se saisir de leurs biens, &c. &c. leur ravir même leur liberté, pour les contraindre à y prendre part, rien n'a pu les ébranler, & ils ont au contraire rendu le bien pour le mal; leur conduite douce & vraiment chrétienne leur a gagné insensiblement l'estime & l'affection de tous les cœurs honnêtes; & les a fait respecter par les Sauvages même de l'Amérique, comme des êtres privilégiés de l'Europe qui n'avoient pris aucune part aux fureurs sanguinaires des Espagnols & des Chrétiens dans les conquêtes de l'Amérique. Les menaces, les tourmens & la mort même de plusieurs de leurs frères, qu'un fanatisme aveugle ou un despotisme cruel ont fait périr en Angleterre ou en Pensilvanie, n'ont pu parvenir à leur faire changer de conduite.

Quelques-uns des membres de cette société ont cru long-tems pouvoir acheter des esclaves pour cultiver leurs habitations en Amérique: mais ils nous ont traité avec plus d'humanité; jamais nous ne leur reprocherons la cruauté des autres Européens, & notre existence auprès d'eux fut plus douce & plus supportable.

Nous n'en desirions pas de plus fortunée que celle de vivre sous leur dépendance, lorsque leurs ames sensibles à nos malheurs ont senti que leur ame se refusoit à les éterniser durant notre vie entière. Les moins sensibles nous ont accordé la liberté après dix ans de servitude; mais tous ont témoigné tant d'horreur & de trouble à retenir esclave contre sa volonté un homme né libre, qui jamais n'avoit consenti à s'engager ni à se vendre, que, d'un commun accord, ils ont rendu la liberté à leurs esclaves, & n'ont gardé auprès d'eux que ceux qui, d'un consentement volontaire, ont voulu continuer à travailler dans leurs habitations, moyennant un traitement doux, une condition libre & un sort qui pût suffire à tous les besoins de la vie.

A ces traits généreux d'amour & de bienfaisance humaine, je reconnois les vrais Disciples de Jésus-Christ; car leur première loi, après l'hommage dû au Créateur, étoit d'aimer généralement tous les hommes comme leurs frères, de les secourir dans leurs besoins, & de faire du bien même à leurs ennemis.

Peuples Européens, leurs seuls exemples rendront votre souvenir toujours cher à nos cœurs; puisqu'il existe parmi vous des ames belles & généreuses, n'étouffez plus votre sensibilité; rompez un jour nos fers, & vous serez alors les Chrétiens bienfaisans de la terre, puisque vous aurez conservé la liberté, le bonheur

& l'exiſtence de plus de deux cents mille eſclaves qui ſortent tous les ans de l'Afrique pour périr en Amérique.

Il exiſte en Europe un grand nombre d'établiſſemens deſtinés à ſoulager les malheurs de l'humanité ſouffrante. Les malades, les vieillards, les aveugles ont des hôpitaux ouverts à leurs infirmités. Les pauvres, les inſenſés, les orphelins y trouvent des aſyles de charité contre les malheurs attachés à la nature humaine, tandis que nous, enchaînés & traînés aux extrémités de la terre, traités avec la dernière rigueur, victimes de mille maladies mortelles, nous ſommes oubliés de tout l'univers ; nos misères ceſſent de faire la moindre impreſſion ſur vos ames, lorſque les plaiſirs de la capitale viennent vous diſtraire un inſtant, ou ſi vos cœurs en ſont par fois affectés, les influences de l'avarice, la voix prépondérante de nos colons imposteurs en étouffe preſque auſſi-tôt toute la ſenſibilité (*a*).

(*a*) J'apprends depuis peu de jours qu'il vient de

Nous avons toujours été oubliés, lorſqu'il s'eſt agi d'adoucir nos misères; mais on s'en eſt toujours ſouvenu pour épuiſer ſur nous tous les moyens de rendre notre exiſtence plus cruelle; les loix mêmes faites en notre ſaveur portent l'empreinte d'une cruauté deſpotique; elles impoſent à une amende un Blanc qui, dans ſa fureur, aura tué volontairement un Noir, ou qui l'aura traité avec trop de violences. Mais où ſont, dans une habitation, les témoins qui dépoſeroient en notre ſaveur? Un Nègre n'oſeroit le faire contre

---

s'établir dans Paris, dans Londres & dans pluſieurs autres villes de l'Angleterre, des Sociétés Philantropiques, dont l'unique objet eſt de chercher tous les moyens de procéder à l'abolition de la traite des Nègres & à l'anéantiſſement de leur eſclavage. Je fais des vœux ardens pour que leurs vues ſoient ſecondées & remplies par la généroſité de toutes les ames bienfaiſantes, & ſur-tout, pour qu'elles ſoient ſoutenues par cette heureuſe perſévérance qui, ne ſe rebutant pas des premiers obſtacles multipliés par la cupidité, peut ſeule parvenir à des ſuccès éclatans. Un ſi beau projet réaliſé ſeroit le triomphe de l'humanité Européenne.

son maitre. Éloignés en pleine campagne de tous les êtres sensibles, personne ne prend part à nos tourmens; & les Blancs se soutiennent trop entr'eux pour rendre un témoignage qui pourroit nuire à leurs voisins, en les accusant d'une inhumanité dont ils seroient eux-mêmes coupables; &, par une suite cruelle de notre situation, tous les crimes des Blancs envers nous, plongés dans un éternel oubli, restent donc toujours impunis. Mais lorsqu'un Nègre a le malheur de menacer un Blanc, son corps est déchiré à coups de verges jusqu'à ce que le sang coule de toutes parts; & si, par un accident involontaire, un esclave, en se défendant contre les violences de son maître, avoit le malheur de le blesser, il seroit brûlé tout vivant.

La moindre querelle parmi les Nègres est sur le champ considérée comme une rebellion, punie des supplices les plus violens, quelquefois même de la mort. Enfin, les plus simples fautes d'attention dans les travaux, souvent occasionnées par l'épuisement d'un corps exténué par l'excès des fatigues & le défaut des alimens, ſont punies à la Jamaïque par la diſlocation de nos membres, & dans d'autres Iſles par des coups de fouet ſi violens, que nos chairs en ſont ſouvent déchirées par lambeaux, qu'on a ſoin de couper enſuite avec des ciſeaux.

En un mot, il n'exiſte point de loix en notre faveur qui reçoivent leur exécution; & tous les ordres qui tendent à protéger notre vie, & à mettre des bornes légitimes à la violence de nos perſécuteurs, ſont auſſi peu conſidérés, que s'ils n'euſſent jamais exiſté. Si un ou deux événemens de ce genre parviennent par haſard à la connoiſſance d'un Commandant dans le cours d'une année, il ſévira peut-être contre un colon trop inhumain; mais à la faveur d'un tel exemple, il enſevelit dans un éternel oubli des milliers de crimes qui, ne ſortant pas du ſein des habitations champêtres, faute de ſurveillans, ne parviennent jamais juſqu'à lui.

Lorſque la force d'une conſtitution vigoureuſe nous offrant la triſte conſolation de prolonger nos peines, fait atteindre quelques-uns de nous aux extrémités de la vieilleſſe, nous ne recevons de nos maîtres aucuns des ſecours néceſſaires à nos infortunes ; ils nous refuſent juſqu'aux premiers beſoins de la vie, & pluſieurs d'entre nous, réduits par la faim à chaſſer les chiens qui dévoroient un bœuf ou un cheval morts de maladie, jettés en plein champ, ſe ſont vus obligés de diſputer cette nourriture inſipide & mortelle contre les plus vils animaux ; de couper des morceaux d'une bête morte & quelquefois pourrie, & pour nous empêcher de mourir de faim, de la manger toute crue, toute ſanglante, toute corrompue, & de paſſer même la nuit couchés auprès de notre proie, pour la conſerver & pour empêcher que des bêtes ſauvages ne nous en privent pendant la nuit (*a*).

A l'île de France, notre deſtinée eſt auſſi cruelle ; au point du jour, des coups de fouet ſur nos caſes ſont le ſignal qui nous appelle au travail ; tous s'y rendent avec leurs outils ; &

(*a*) Voyez à ce ſujet un excellent Voyage à l'Iſle de France & au Cap de Bonne-Eſpérance, &c. publiés par un Officier du Roi, tome premier, page 193.

nuds comme des vers, nous travaillons vigoureusement sans relâche, dévorés par l'ardeur d'un soleil brûlant. On nous donne pour toute nourriture du maïs broyé cuit à l'eau, ou des pains de manioc. Tout notre vêtement consiste dans un morceau de toile; & si nous laissons appercevoir la moindre négligence dans notre travail, on nous attache les pieds & les mains sur une échelle ; & notre commandeur, armé d'un fouet de poste, nous donne sur le derrière nud cinquante, cent, & quelquefois jusques à deux cents coups, dont chacun nous enlève une portion de chair; & lorsque nous sommes ainsi cruellement déchirés & ensanglantés, on nous met au col un collier de fer à trois pointes, & on nous ramène au travail pour y servir d'exemple aux autres esclaves. Mais ce qu'on aura de la peine à croire, c'est que nos femmes, même pour des fautes aussi légères, sont traitées avec la même rigueur. Tout, jusques à l'espoir d'un avenir plus doux, nous est enlevè, & nous n'avons devant nos yeux que la certitude des tourmens sans fin, ou d'une mort plus prompte.

Quel contraſte affreux d'une ſituation auſſi déplorable en Amérique, avec la douceur de notre exiſtence en Afrique! Oui, dans ces tems heureux où les vaiſſeaux Européens n'avoient pas encore abordé nos côtes, pour y porter le trouble & tous les fléaux de la cupidité, des guerres & de l'eſclavage, la joie, la liberté & l'indépendance régnoient dans toutes nos ames. Nos champs fertiles, paiſiblement cultivés, produiſoient avec peu de travail des fruits, des plantes, des légumes délicieux & des moiſſons abondantes; le champ le plus médiocre ſuffiſoit à nourrir une famille entière, & nos pâturages étoient couverts d'une immenſité de beſtiaux & d'autres animaux domeſtiques.

Européens, vous ne connoiſſez pas toute la félicité dont vous nous privez; non, jamais vous n'avez goûté la douceur de vivre libre, ignoré, indépendant de toute la terre. Vingt fois le jour dans ma patrie, j'étois paiſiblement couché ſous l'arbre qui me nourriſſoit ſans culture; j'y jouiſſois du repos de la vie, de cette heureuſe paix que vous n'avez jamais connue dans vos colonies ; de-là je contemplois dans une douce indolence, deux ou trois morceaux de terre qui réunissoient cent productions différentes ; un ruisseau d'eau pure & limpide étanchoit mieux ma soif que vos liqueurs perfides qui ont calciné nos entrailles, enflammé notre sang, & allumé dans notre sein un embrasement qui nous dévore. Mille jouissances délicieuses s'y disputoient à l'envi le charme de dilater mon cœur, & d'y faire éclore tous les plaisirs de la nature la plus riante. Je n'avois alors d'autre crainte que l'arrivée de vos vaisseaux, & la frayeur d'être peut-être du nombre des victimes destinées à porter vos fers. Ce triste pressentiment n'eut pas le tems de se réaliser, parce que j'ai abandonné une patrie aussi dangereuse pour visiter l'Europe, & y fixer mon sort. Mais il est cruel à mon cœur d'être réduit à fuir les lieux qui m'ont donné la vie, parce que vous les fréquentez, & que vous ne cessez d'y apporter tous les ans l'effroi, la mort, la consternation & l'esclavage.

Heureuses îles étrangères ! C'est vous, ô

généreux François, qui avez les premiers adouci les misères de vos esclaves dans la plupart de vos colonies. Vos loix plus favorables ont protégé leur sort, & soulagé leurs infortunes ; vous avez même tenté de les instruire dans ce culte sacré que toutes les créatures sensibles doivent au créateur, en nous inspirant la plus vive reconnoissance pour les bienfaits du Tout-puissant ; vous avez recueilli le prix de votre humanité : nous avons partagé vos vœux & vos prières. Nous avons été attendris, en vous voyant suivre les principes de charité que la Religion vous prescrit ; nos cœurs, en vous voyant agir de la sorte, ont été convaincus que vos principes religieux devoient être l'ouvrage de la Divinité même, puisqu'ils vous avoient inspiré tant de vertus.

Non-seulement vous nous avez permis de nous reposer le Dimanche pour l'employer à des exercices spirituels ; mais votre générosité nous a accordé un jour de la semaine pour travailler à notre profit ; &, par ce moyen facile, nous avons paisiblement gagné de quoi suffire à tous nos besoins. Quelques-uns de nous, plus laborieux sans doute, après douze ou quinze ans d'esclavage & de travaux heureux & assidus, sont parvenus à ramasser de quoi vous payer le prix de leur rançon, & jouir de cette liberté précieuse qui fait la félicité de tous les êtres sensibles & raisonnables.

Généreux François, More-Lack vous rend ici la justice que mérite votre bonté d'ame; vous avez surpassé toutes les nations Européennes en vertu & en sensibilité; tant de bienfaisance a pénétré nos cœurs d'amour & de reconnoissance pour nos maîtres, souvent nous parlons de vous dans nos tristes cabanes, & nous formons des vœux pour que de si beaux exemples soient plus généralement suivis. Nous avons été plus loin; car nous pensons que la gloire d'accomplir l'ouvrage de notre délivrance vous est réservée, & que vous ne souffrirez pas qu'une autre nation vous enlève le prix que vous avez mérité.

CHAPITRE XXII.

Accuſations abſurdes contre les Noirs.

COMBIEN d'imputations fauſſes & révoltantes la calomnie n'a-t-elle pas imaginé & accumulé ſur nous, pour juſtifier l'injuſte rigueur dont on nous accable! Si on daigne les examiner un inſtant, on en ſent auſſi-tôt toute l'abſurdité.

1°. On nous accuſe *d'être une race d'hommes privée de talens, d'intelligence, de eapacité & de raiſon.*

Comment nos maîtres peuvent-ils ſavoir ſi nous ſommes privés d'intelligence, puiſqu'ils l'étouffent parmi nous, en nous interdiſant tous les moyens d'en faire uſage (*a*)? Ouvrez les

(*a*) La ſervitude étouffe le génie & l'eſprit humain. Le Payſan, libre en Angleterre, a du caractère & de l'énergie: le Serf Polonois eſt ſtupide & pauvre; mais

livres des Voyageurs qui ont visité nos contrées natales, ceux qui ont parcouru notre patrie ont vu le contraire; puisque leurs ouvrages cités ci-dessus vous annoncent que nos terres y sont bien cultivées, & que nos plaines ressemblent à de rians jardins; que nos mœurs y sont douces & affables, & que ceux qui ont étudié les scien ces y ont réussi. Les arts mécaniques y sont dans notre genre presqu'aussi perfectionnés qu'en Europe; la littérature & les belles-lettres y sont cultivées avec succès. Lisez les lettres d'*Ignatius Sancho*, les Œuvres de *Phillis Wheatly*, les Mémoires d'*André Brue*, &c. &c. &c. & l'on verra si les doux sentimens de l'humanité & les charmes d'une imagination agréable n'ont pas souvent distingué notre plume. Enfin, puisque nous avons parmi nous d'excellens Astro

---

les esclaves de l'Amérique sont abrutis & misérables. L'insensibilité dans le comble des misères humaines est sans doute un secours divin, & Homère a eu raison de dire : *Quand Jupiter condamne un homme à l'esclavage, il lui ôte la moitié de son esprit.*

nomes, qui probablement l'étoient avant vous (*a*), il est à présumer, d'après cela, que nous avons de justes droits à la raison humaine & que nous possédons aussi quelqu'intelligence, malgré tous les soins que vous multipliez barbarement, pour en étouffer jusques aux moindres traces.

2°. On prétend *que notre indolence naturelle ne peut être vaincue que par des traitemens rigoureux.*

Voici notre réponse. Nous sommes indolens dans notre pays natal, parce que la terre y exige peu de travaux, pour y produire avec abondance; parce que nous avons peu de besoins, qu'un climat chaud, d'une température toujours supportable, exige peu de vêtemens & par conséquent peu de soins pour tous les besoins de la vie: & lorsqu'ils sont satisfaits, nous goû-

(*a*) On croit avec raison que les Chaldéens & les Chinois possédoient l'Astronomie long-tems avant les Européens.

tons avec délices le repos. Mais nous chériſſons le travail, lorſqu'il eſt moderé, & qu'il entretient l'agilité du corps & les forces de la nature, au lieu de les épuiſer. Nous regarderions comme un malheur réel, ſi nous étions condamnés à ne jamais rien faire. Eh! comment oſez-vous vous plaindre de notre indolence! Colons barbares!... puiſque ſur vingt-quatre heures que dure le jour & la nuit, vous exigez de nous au moins dix-huit heures de travaux forcés, & quelquefois vingt; de ſorte que nous n'avons ſouvent que quatre heures de nuit, durant leſquelles il nous faut moudre un peu de grain, le faire cuire, le manger, & prendre un repos de la plus courte durée, pour recommencer éternellement les mêmes fatigues?...

3°. Vous aſſurez aux Européens, qu'*étant des priſonniers de guerre, l'eſclavage eſt notre condition naturelle & inévitable.*

Il eſt vrai, nous ſommes vos priſonniers: mais comment le ſommes-nous? C'eſt ce que vous ne leur dites jamais. Oui, c'eſt vous-mêmes dont les vaiſſeaux viennent fomenter la guerre dans nos climats ; ce ſont vos facteurs qui, par leurs ſourdes intrigues chez nos Princes, viennent leur offrir des liqueurs violentes & des marchandiſes, pour les engager à vous livrer les peuples d'une ville entière qui auront échappé à un maſſacre général ; ou, pour comble d'horreur, lorſque nos Princes ſont repouſſés par leurs ennemis, ils vous livrent leurs propres ſujets.

4°. Après nous avoir arrachés de notre patrie, pour nous faire éprouver les plus cruelles violences, vous oſez encore affirmer que *vos eſclaves ſont plus heureux dans les travaux de vos habitations, qu'ils ne le furent jamais dans leur patrie.*

Voyez tous les priſonniers de guerre de la Guinée & des autres nations de la terre ; ſont-ils jamais réduits à une condition déplorable comme la nôtre ?... Sont-ils maltraités tourmentés & ſuppliciés comme nous ? Sont-ils réduits aux misères les plus affreuſes, juſques au dernier ſoupir de leur vie? Ont-ils jamais éprouvé toute la tyrannie d'un maître inhumain qui ſe plaît à répandre leurs ſueurs, à faire couler leur ſang, & leur faire deſirer la mort?

5°. *Ils n'ont pas le droit de ſe plaindre des caprices d'un maître qui les a achetés pour en diſpoſer à ſon gré.*

Lorſque vous déchirez nos chairs par lambeaux, que vous nous faites rompre les bras & les jambes; que, ſur les plus légers ſoupçons, vous nous condamnez aux ſupplices les plus cruels, nous n'avons pas le droit de nous plaindre?...

5°. *Sans le ſecours des Nègres eſclaves, on ne pourroit jamais parvenir à produire le ſucre, le riz, ni les autres commodités de la vie.*

Il eſt faux que cette culture ne puiſſe ſe faire, ſans y ſacrifier la liberté, le ſang & la vie de deux cents mille malheureux tous les ans; il eſt également faux que des ouvriers libres & volontaires ne puſſent pas ſuivre les mêmes travaux.

Mais en ſuppoſant, contre l'évidence même de la vérité, qu'il vous fallût encore des eſclaves pour cultiver le ſucre & le café, eſt-il donc néceſſaire qu'ils ſoient eſclaves toute leur vie pour cultiver vos plantations?...

Les mines qui jadis étoient le travail des eſclaves & des criminels, par de juſtes encouragemens, ſont à préſent exploitées avec plus de ſuccès & de bénéfices par des hommes libres qui reçoivent chaque jour leur ſalaire. Voyez ſi, dans les climats où la ſervitude eſt volontaire, le riz, le ſucre & les autres productions n'y ont pas auſſi parfaitement réuſſi que dans ces îles malheureuſes où l'homme abruti eſt au-deſſous même des plus vils animaux. Voyez enfin ſi l'Europe entière, qui regorge de fleuves, de lacs, de rivières & de montagnes, n'eſt pas couverte des productions les plus abondantes, quoiqu'elle ne ſoit cultivée que par des charrues attelées de bœufs ou de chevaux?

Peut-être en coûteroit il un peu plus pour produire le café & le ſucre, s'il falloit employer à leur culture des hommes libres ou des chevaux, &c. Mais quelle comparaiſon y a-t-il à ſaire entre le prix de ces denrées & les crimes abominables que vous commettez en Guinée, ou les misères affreuſes auxquelles vous nous ſacrifiez pour boire du café à un prix un peu plus modéré ?

Au pis aller, le ſucre ſeroit plus cher; vos bénéfices ſeroient moindres, & ce ne ſeroit pas un grand mal pour vous. Au contraire, cela vous forceroit à une adminiſtration plus ſage & plus économique, & vous engageroit probablement à ne pas conſumer dans une prodigalité révoltante dés productions de pure ſenſualité qui ont occaſionné tant de meurtres & tant de ſang répandu pour vous.

Oui, malgré vos vaines déclamations, le ſentiment intérieur de mon ame m'a toujours fait penſer qu'il y auroit moins de mal pour l'Europe entière de ſe paſſer de vos productions perfides, que de faire périr tous les ans quatre cents mille Noirs égorgés en Afrique, & deux cents mille ſoumis en Amérique à des cruautés ſans exemple; & tout cela, pour boire uniquement du café & du ſucre. Si, pour mettre fin à tant de crimes, on offroit à l'Europe l'alternative de renoncer au café, ou de continuer tant de forfaits en Afrique & en Amérique, je doute qu'il exiſte un Européen impartial qui n'y renonçât pas ſur le champ.

Mais puiſqu'on peut s'en procurer les jouiſſances ſans remords, il n'eſt pas néceſſaire d'y renoncer. Si vous mettiez un terme à notre eſclavage, ou que vous nous laiſſaſſiez de juſtes moyens de nous racheter après dix ans de travaux, vous ſeriez mieux ſervis, plus révérés, plus chéris, & vous ceſſeriez au moins de mériter les titres des plus cruels perſécuteurs du genre humain.

7°. Vous prétendez qu'il faut uſer envers les Nègres d'une ſubordination très-ſévère, pour éviter les troubles & les révoltes qui pourroient s'élever parmi eux ; & qu'étant plus nombreux que les Blancs, on riſqueroit à tout moment d'être leurs victimes.

Oui, colons barbares, c'eſt à quoi vous devez

tous

tous les jours vous attendre.... Angleterre! que tes malheurs te ſervent au moins de leçon; ta ſeule tyrannie t'a déja fait perdre la moitié de tes poſſeſſions en Amérique; la cruauté des colons de tes îles doit tôt ou tard leur faire ſubir la même révolution; &, pour peu qu'ils tardent encore à adopter la douceur des colons François, une telle révolution ne ſera pas éloignée.

CHAPITRE XXIII.

Réclamations des hommes Noirs, appellés injustement esclaves.

TOUS les Voyageurs Anglois, & ceux même de vos Observateurs qui ont le mieux examiné la culture des colonies à sucre, ont écrit & déclaré que la seule quantité de Noirs qui existent en Amérique, étoit suffisante pour y donner assez d'hommes libres & de cultivateurs volontaires pour l'exploitation totale des colonies; & tous ont pensé, d'un sentiment unanime, que si l'on favorisoit leur population, en rendant leur sort supportable, au lieu d'anéantir notre espèce, on parviendroit à la multiplier à l'infini.

Un Auteur célèbre, & généralement connu (*a*) dans ses profondes recherches sur la population

(a) *Essay on the Population of Ancients Nations, by Hume.*

des Anciens, nous a dit que » les restes d'esclavage qui existent encore en Amérique sont » peu propres à exciter le desir de le rendre » plus universel. La dureté & l'inhumanité des » personnes accoutumées dès leur enfance à » commander à ses esclaves avec un empire » sans bornes, & à fouler aux pieds leur semblable, ont suffi pour avoir en horreur une » autorité si injuste; un serf avili par un travail » forcé, n'a plus de goût pour la vie : il ne » voit plus dans son maître qu'un tyran barbare » qui suce tout le sang de ses veines, & lui » refuse son nécessaire. Enfin, les travaux rigoureux de l'esclavage sont généralement contraires au bonheur & à la population de l'espèce humaine; on y suppléeroit avec avantage, en introduisant l'usage des serviteurs à » gages. «

La première grace que nos cœurs sollicitent au nom de l'humanité trop long-tems outragée, c'est l'entière abolition de la traite des Nègres mâles, en défendant désormais, sous des peines sévères, toute espèce d'importation des esclaves d'Afrique dans vos possessions Angloises, excepté ceux de nos compatriotes qui, dans l'espoir d'une récompense, ou de rejoindre ses proches parens, consentiroit à venir cultiver l'Amérique, non pas à titre d'esclave, mais comme cultivateur libre & volontaire.

La seconde grace après laquelle nous soupirons depuis si long-tems, c'est qu'il soit ordonné que la seule traite des Négresses soit permise, & qu'on y encourage les facteurs par des récompenses suffisantes pour les déterminer à nous amener dans vos colonies assez de femmes pour y remplacer, par une population saine & permanente, les pertes inévitables que nous éprouvons tous les ans par la mortalité.

La troisième que nous sollicitons, c'est de nous affranchir après dix ans de travaux & d'esclavage. N'est-il pas juste qu'un malheureux Nègre, après avoir doublé par son travail le prix qu'il a coûté à son maître, reçoive en récompense le don de sa liberté?

Puisque vous avez adopté un genre de servitude & d'oppression vingt fois plus rigoureuse que celle des Grecs & des Romains, adoptez donc auffi les loix de bienfaifance & de modération qui adouciffoient les fouffrances de la fervitude qu'ils impofoient, en autorifant, comme eux, le *péculium*, l'*émancipation* & l'*affranchiffement*.

Partagez le terrein de vos habitations en dix portions égales, & vos Nègres en dix troupes de travailleurs: donnez un canton fixe à cultiver à chacune; & l'efclave de chaque troupe qui aura fait le plus de travail, & fe fera le mieux diftingué par fon activité & fon exactitude, recevra fa liberté après la récolte, & fera payé de tout le travail qu'il continuera d'y faire, comme journalier affranchi; jufqu'à ce qu'il ait gagné de quoi fe meubler une cafe, s'acheter des outils, & fe marier: &c.

L'objet le plus important de notre affranchiffement, feroit de l'établir par des loix juftes, claires & invariables, qu'aucun propriétaire ne pût jamais éluder. Dès lors un Nègre devenu libre, gagnant par fon travail le double de fa dépenfe journalière, fe marieroit volontiers; & l'on verroit éclore des familles nombreuſes, dont les plus pauvres, toujours obligées de travailler aux terres, fourniroient aux colons plus de travailleurs qu'ils n'en auroient beſoin ; & notre eſpèce s'y multiplieroit ſans peine, ſans être obligés d'aller nous maſſacrer & nous enchaîner en Afrique. La paix, le bonheur & la liberté mettroient fin pour toujours aux crimes inſéparables de la traite des Nègres.

Rois, Princes & Magiſtrats de la terre, qui protégez les infortunés, & ſecourez tous les jours l'innocence opprimée, daignez jetter ſur nous des yeux de compaſſion, & ne refuſez pas votre oreille & votre ſenſibilité aux cris de tant de malheureux, qui, n'ayant d'autre eſpoir qu'en vous, réclament votre juſtice & votre bienfaiſance. Puiſque vous êtes conſidérés comme les Dieux de la terre, ſoyez les protecteurs de dix millions de miſérables ſujets trop cruellemen perſécutés : laiſſez vos ames s'attendrir ſur ce tableau fidèle de nos misères, & regardez avec une juſte indignation les Courtiſans impoſteurs qui tenteront de les excuſer.

Après plus de deux cents ans de cruautés atroces faites à l'humanité gémissante, que votre générosité éléve sa voix contre la tyrannie, & oppose un frein redoutable à nos persécuteurs !

La raison, l'humanité & la Religion réclament votre puissance pour la conservation de notre existence & la fin de nos tourmens : nos voix expirantes vous conjurent de ne pas souffrir qu'un systême d'oppression & de barbarie se perpétuant sous vos loix jusques dans les siècles à venir, ternisse la sagesse de votre Administration, & laisse à vos successeurs la douce félicité d'avoir répandu l'espoir, la consolation & l'allégresse dans des cœurs accablés de détresse & de désespoir !

Si les motifs de notre esclavage sont injustes & odieux dans leur principe, l'antiquité ne sauroit donner une sanction légitime aux forfaits qu'elle entraîne, elle ne pourroit justifier ses cruautés, encore moins vous donner un titre pour en perpétuer les horreurs.

Et puisqu'il est contraire à l'équité d'abandonner le ſort, le traitement & la vie de pluſieurs millions de ſujets utiles & laborieux, aux fureurs & aux traitemens ſanguinaires d'une poignée de colons cruels, dont l'intérêt réel eſt d'abréger nos jours pour accroître rapidement leur fortune & leurs prodigalités, nous implorons la pitié de nos Rois & la protection des Magiſtrats qui les environnent, pour établir des loix plus favorables à notre exiſtence, afin de ſoulager nos misères affreuſes, de mettre un terme à notre ſupplice & une fin à nos douleurs.

Fin de la première Partie.

LE MORE-LACK.

POPULATION DES COLONIES.

SECONDE PARTIE.

CHAPITRE PREMIER.

Origine de l'Esclavage parmi les Anciens.

L'OBJECTION la plus forte qui nous ait été faite pour justifier l'esclavage, c'est que dès l'antiquité la plus reculée, il fut connu dans plusieurs Empires, & que son usage a été continué & favorisé des Nations même les plus éclairées ; jadis chez les Juifs durant leur Théocratie, & depuis eux, chez les Grecs & les Romains, dans les tems les plus florissans de leur existence.

C'est une vérité cruelle qu'il faut avouer à regret; mais il faut également convenir que, chez aucun peuple de la terre, la servitude ne fut administrée avec autant de rigueur & de cruautés que dans nos Colonies Américaines. Pour l'apprécier avec plus de justesse, examinons-en l'origine & la différence.

L'esclavage parmi les Anciens eut trois causes générales.

1°. *Les prisonniers de guerre que les Juifs condamnoient à la captivité, & que les Généraux Grecs ou Romains menoient en triomphe enchaînés à leur suite, lorsqu'ils revenoient de leurs expéditions militaires.* Le droit que nous avons sur des ennemis vaincus nous permet sans doute de les mettre hors d'état de nous faire aucun dommage; mais il ne nous autorisa jamais sans injustice à les accabler de traitemens durs, & à les faire périr par les violences les plus cruelles.

2°. *Les débiteurs insolvables qui ne pouvoient payer leurs dettes, étoient obligés de se vendre eux-mêmes à leurs créanciers.* L'injustice de ce genre d'esclavage est frappante : car l'esclave n'ayant plus aucune propriété à lui, du moment qu'il s'est vendu, il est évident que son maître possède aussi le prix qu'il lui a donné pour l'acquérir en qualité d'esclave.

3°. Enfin, *les enfans d'un débiteur insolvable ou d'un prisonnier de guerre étoient également réputés esclaves, de même que tous ceux qui avoient reçu leur naissance dans le sein de la servitude.* Comment la raison pourra-t-elle jamais justifier le vol fait de la liberté d'une créature innocente, qui, n'ayant pas encore existé, n'a pu contracter aucune dette, ni faire jamais le moindre mal aux ennemis de son père, ni à sa patrie?....

Mais en supposant même que les Grecs & les Romains eussent des droits fondés sur la liberté de leurs débiteurs ou de leurs prisonniers de guerre, il est au moins certain qu'ils les traitoient avec plus de douceur & d'humanité que nous. L'esclavage reçut des bornes parmi eux ; les Juifs même qu'on a cités avec raison comme le peuple le plus avare & le plus cruel de la terre.... ces *Juifs*, *dont les loix encore imparfaites leur permettoient beaucoup de choses, à cause de la dureté de leur cœur* (a), avoient limité l'esclavage à des termes fixés. Ils étoient plus ou moins longs, suivant l'accord & le libre consentement de ceux qui étoient obligés de se vendre. Ceux mêmes qui, par de tristes événemens, y étoient condamnés pour la vie, étoient traités avec un soin tout particulier, & ce ne fut jamais que contre les Payens & les Idolâtres que les Juifs déployèrent, par l'ordre de Moyse, ces fureurs sanguinaires qui, dans des siècles plus éclairés, se sont malheureusement renouvellées dans plusieurs Empires avec la même cruauté. Mais parce que les Juifs ont réduit en esclavage les adorateurs des faux Dieux, mis leurs habitations en cendres, renversé leurs temples, & passé au fil de l'épée.

(*a*) Ezéchiel, XX ; Lévitiq. XXV.

leurs vieillards, leurs femmes & leurs enfans, &c.... les fureurs d'un peuple endurci doivent-elles servir d'exemples & d'autorité à des Chrétiens, qui possèdent le divin précepte de leur Rédempteur : *Aimez vos ennemis, & faites-leur au bien?*

Les esclaves Romains furent traités avec plus d'humanité encore. L'Histoire nous apprend qu'ils pouvoient posséder beaucoup de choses en toute propriété, & en disposer à leur gré, sans l'aveu de leurs maîtres. La loi même les protégeoit, & accordoit des récompenses fixes à leur conduite, & des prix à leur activité ou à leurs travaux.

Ces récompenses devenoient pour eux un bien qui leur étoit propre, & sur lequel leur maître n'avoit aucun droit; & ce gain étoit appellé *peculium*. Peuples Anglois, &c. en adoptant les loix rigoureuses des Romains, vous avez aggravé sur vos esclaves toute la fureur des siècles barbares, jusqu'à refuser l'oreille à leurs plaintes, à ne leur laisser rien en toute propriété, en les privant même d'une partie des alimens les plus néceſſaires à leur ſubſiſtance ; & pour combler le joug de leurs misères, ils n'ont jamais eu de protecteurs contre la cruauté de vos habitans.

Peuples Européens, conſidérez donc de ſang-froid quelle eſt la ſource de votre eſclavage actuel, & par quels moyens odieux vous parvenez à arracher de leur patrie les malheureux qui vous enrichiſſent par le ſacrifice éternel de leur liberté, de leur ſang & de leur vie ; non jamais il n'exiſta de barbarie égale à la vôtre, & quiconque l'a vue & conſidérée avec attention, peut ſeul ſentir toute l'horreur que la férocité de vos facteurs inſpire.

CHAPITRE II.

Insuffisance du Code Noir.

Il existe une loi générale faite en faveur des Nègres, qui ordonne à tous les colons de ne pas les faire travailler le Dimanche; de ne leur donner que trente coups de fouet à chaque punition.... leur distribuer de la viande toutes les semaines, du linge ou des vêtemens tous les ans, &c. &c. Mais cette loi appellée le Code Noir, a toujours été éludée, parce que personne ne veille à son exécution; que chaque propriétaire, dans son habitation, est un despote absolu qui ne doit jamais compte de ses actions à personne.

Si malheureusement un Noir osoit se plaindre de son maître ou de son conducteur, sa punition future seroit plus cruelle encore: il dépériroit bientôt sous leurs mains.

Un colon pouvant impunément, malgré le

Code Noir, leur ravir la moitié de leur nourriture, les épuiser à force de travaux; leur déchirer le corps à grands coups de fouet, les accabler de traitemens barbares, les condamner lui-même à tel supplice qu'il lui plaît, avant qu'aucun des habitans voisins en ait seulement eu connoissance. Où sont les témoins qui déposeroient en leur faveur? A qui ces malheureux oseroient-ils se plaindre? aux Juges établis? ce sont leurs premiers tyrans.

Toute l'Europe apprend avec indignation le massacre des Mexicains qui fut de courte durée, & nous jettons à peine un regard de compassion sur les meurtres continuels des malheureux Nègres que nous faisons égorger tous les ans pour nous procurer du café & du sucre: ces meurtres continuent depuis deux cents trente ans, ils existent encore aujourd'hui; on n'a rien fait encore pour y mettre fin, & nous les apprenons tous les jours avec indifférence. L'habitude d'entendre parler sans cesse des plus grands crimes, nous rend insensibles à nos forfaits. Mais si nous apprenons en Afrique qu'un peuple va

immoler

immoler un enfant à ſes Dieux, nous les appellons auſſi-tôt des monſtres & des barbares !

Européens impartiaux, examinez avec équité les crimes des Mores à notre égard : calculez, s'il ſe peut, tous ceux que vous avez commis dans leurs contrées, & jugez enſuite quels ſont les peuples les plus barbares ou des Africains ou de vous !

CHAPITRE III.

Fausses excuses des Traitans.

Je ne répéterai pas ici toutes les manœuvres insidieuses & les moyens odieux que les facteurs Européens mettent en usage pour se procurer des esclaves sur les côtes d'Afrique ; ils ont été dévoilés dans la première partie de cet Ouvrage. Je me bornerai donc à examiner le juste poids des raisons que les Traitans allèguent pour se justifier eux-mêmes.

Ils prétendent *qu'ils achètent de préférence les criminels condamnés à mort.* Il est, je crois, permis d'en douter : la justice des Nègres est si prompte, & leurs exécutions si-tôt terminées, qu'on n'a souvent pas le tems de les acheter. Mais en supposant qu'ils pussent parvenir à se les procurer, leur nombre seroit si petit, qu'il ne fourniroit certainement pas la centième partie des Noirs qui se transportent aux Isles tous les ans

Vos facteurs disent encore qu'ils *n'achètent parmi les nations de l'Afrique, que les prisonniers qu'ils ont fait à la guerre.* Cela est rigoureusement vrai. Mais comment se les procurent-ils ? Quand on voit les Capitaines Négriers, dans les climats où règne la paix, aller eux-mêmes y porter tous les fléaux de la guerre, exciter des Princes qui vivent en paix à se battre, & faire massacrer des milliers d'hommes pour se procurer trois ou quatre cents prisonniers, &c. &c. &c. Vos Traitans ne sont-ils pas seuls coupables de tous les meurtres & de tout le sang qu'ils ont fait répandre? & n'est-ce pas à juste titre qu'on les appelle les plus cruels persécuteurs des Africains ?

Comment oser dire qu'ils n'achètent que des prisonniers de guerre, quand on les voit encourager les Nègres de la côte, à parcourir l'intérieur du continent, pour voler des enfans dans les campagnes isolées, & les amener la nuit dans vos vaisseaux ! La plume se lasse de répéter de telles horreurs.

Ils prétendent encore *que la néceſſité les oblige à faire un tel commerce, parce que les Nègres ne ſe multiplient pas aſſez dans les colonies, pour y remplacer la perte de ceux qui y meurent : ils ne peuvent*, diſent-ils, *exploiter les habitations, qu'à l'aide des ſecours de la traite d'Afrique, &c.*

Je conviens que des eſclaves auſſi malheureux, qui ne connoiſſent leur exiſtence que par la douleur de ſe voir dépérir chaque jour par les excès d'un travail pénible, qui ſe prolonge tard, & qui recommence dès le point du jour : que des infortunés, dont les ſentimens ſont émouſſés & les deſirs éteints par l'anéantiſſement continuel de leurs forces, doivent regarder la vie comme un fardeau, & le don de l'exiſtence comme un préſent funeſte. Dès-lors ils redoutent de mettre au jour des êtres auſſi miſérables qu'eux, & n'ont aucun encouragement qui puiſſe les exciter à rechercher le mariage.

Jettons un inſtant les yeux dans les climats heureux où ils ſont libres. Le Congo, la Guinée, & toutes les côtes eſclaves, ſont un peu déſertes, parce que la guerre, la perſécution & la traite les ont progreſſivement dévaſtées : mais ſi l'on pénètre à cent lieues dans le continent, on rencontre par tout une population immenſe & une fécondité ſurprenante parmi les Négreſſes ; étant très-ordinaire d'y voir une ſeule femme avoir plus de vingt enfans exiſtans. Si on parcourt les habitations Américaines, où une douce adminiſtration a eu ſoin de favoriſer leurs mariages, on y voit courir avec joie des troupeaux d'enfans Négrillons, fruits heureux d'une économie ſage & bien entendue.

Ce ſont donc uniquement les rigueurs de l'eſclavage & les travaux violens qui nuiſent à la population des Nègres ; adouciſſons leur ſort & bientôt attachés à la vie, ils ſe livreront au plus doux ſentiment de la nature humaine, & ne craindront plus de ſe reproduire.

CHAPITRE IV.

Causes de la dépopulation & de la mortalité des Nègres.

L'AVIDITÉ des Européens qui excitent par des présens les Princes Nègres à faire égorger leurs sujets & leurs ennemis ; les massacres de leurs pères ; le glaive d'un despote inhumain, qui, pour se procurer quelques meubles d'Europe, séparent pour toujours des femmes de leurs époux, & des enfans de leurs mères ; le changement subit d'une contrée saine avec des climats dangereux, les douloureux regrets d'avoir quitté pour jamais des cantons fertiles où ils jouissoient avec peu de peines de tous les besoins de la vie ; le dépit cruel de se voir enchaînés dans des Isles mal saines, où ils ne trouvent que la moitié de leur subsistance, achetée par des travaux inouis & des traitemens rigoureux, &c. &c. &c. sont les causes principales qui les exténuent par degrés, détruisent leur force, épuisent leur tempérament, & les rendent victimes de mille maladies mortelles.

Leur constitution, une fois altérée, se rétablit rarement : on ne s'occupe point de leur donner les secours nécessaires, & ils sont contraints à ne pas discontinuer des travaux violens ; le défaut de repos & d'alimens restaurans, en fait périr le plus grand nombre ; faute de femmes, ils ne laissent presque jamais de postérité. Aussi ce peuple infortuné chérit si peu son existence, qu'il regarde le tombeau comme un doux asyle, & la mort comme la fin de tous ses tourmens.

Loin d'exagérer la douloureuse dépopulation des Noirs & les causes qui y contribuent, je prouverai tout ce que j'avance par les propres écrits d'un cultivateur Américain, qui, dans ses Ouvrages, s'est annoncé le plus grand partisan de l'esclavage. Voici ses paroles :

» La diminution des esclaves est si considé-
» rable, que leur remplacement peut à peine
» s'opérer par l'importation qu'on en fait. Leur
» nombre diminue tous les ans dans la plupart des

» habitations ; & *l'on en trouve la raiſon dans*
» *les travaux exceſſifs & les traitemens rigou-*
» *reux dont on veut qu'ils ſoient accablés....*
» Mais le travail eſt la ſuite inſéparable de
» l'eſclavage..... L'objet principal de ceux
» qui les achètent, n'eſt pas d'en faire multiplier
» l'eſpèce; mais uniquement de tirer le plus
» grand parti de leur travail; &, s'ils ne fai-
» ſoient pas tous les jours une certaine quan-
» tité d'ouvrages, on pourroit prédire la ruine
» de leurs maîtres (*a*). «

Le ſincère aveu de ce cultivateur prouve avec évidence, que la population de ſes Nègres ne l'a jamais intéreſſé, & qu'il n'exige d'eux que beaucoup de travaux pour faire rapidement fortune, ſans s'embarraſſer des ſoins de leur exiſtence, ni de leur conſervation.

Il va plus loin encore; & il avoue de bonne foi qu'il a toujours conſidéré comme juſte cette économie meurtrière qui ſacrifie les trois quarts

---

(*a*) Obſervations d'un Cultivateur Américain, page 60.

de la vie d'un Nègre, pour en retirer le double de travail. Voici comment il s'énonce lui-même :

» La condition des Nègres les exposant nécessairement à des maux qui entraînent leur » dépopulation, nous devons être peu surpris » de voir que leur nombre diminue dans les » colonies..... Et où ne voit-on pas de ces » misérables individus, que les loix sont obli- » gées d'*exterminer*, faute de pouvoir les ren- » dre meilleurs !.... «

Exterminer !.... & c'est un Chrétien, un homme qui parle, & qui juge équitable d'exterminer son semblable.... Eh ! pourquoi ? pour gagner de l'argent.... *exterminer* !.... ce seul mot inspire de l'horreur & de l'indignation à toutes les ames sensibles. Au reste, j'ai peut-être tort ; ma comparaison n'est pas juste : car je m'apperçois qu'il ne considère certainement pas ces pauvres Nègres comme des créatures humaines ; mais comme des *misérables individus*, que les loix doivent nécessairement exterminer.

Quoique mon suffrage à cet égard soit d'un

foible poids, je penserois, au contraire, que les loix, bien loin de les exterminer, doivent les protéger, favoriser leurs mariages, & encourager leur population, pour l'avantage des colonies : c'est-là le vrai moyen d'anéantir par degrés toutes les horreurs de la traite ou de l'esclavage, & d'en conserver toujours les avantages les plus importans, sans perpétuer nos forfaits.

Le même colon nous dit plus bas (*a*) :

» *Je conviens que la diminution des Nègres*
» est causée par l'excès du travail & des mau-
» vais traitemens. L'abolition de la traite fera-
» t-elle qu'on en exigera moins de travaux, ou
» qu'on les punira avec moins de sévérité ! Au
» contraire, s'ils travailloient moins, les reve-
» nus du colon seroient diminués, & il faudroit
» être fou, pour supposer qu'il consentît jamais
» à voir son ouvrage en souffrance, & ses re-
» venus altérés uniquement pour élever un plus
» grand nombre d'esclaves. «

(*a*) Page 34.

Cette cruelle vérité a été si souvent prouvée avec évidence, qu'on ne sauroit plus en douter. Mais je suis convaincu que si'l y avoit assez de femmes dans les colonies pour y maintenir la population, ils en retireroient, au bout de quinze ans, un profit bien plus considérable.

L'exemple du Docteur Mapp, qui favorisa constamment les mariages parmi ses Noirs (*a*), & les traita avec plus de douceur, est une preuve de ce que j'avance. Les Nègres, au lieu de diminuer dans son habitation, s'y multiplièrent au point qu'il fut obligé d'acheter une nouvelle habitation, pour y employer la surabondance de Nègres qui regorgeoient dans la sienne ; &, loin que sa générosité lui ait été ruineuse, il doubla ses produits & ses capitaux en vingt ans, donna une riche dot à sa fille, & laissa à sa mort deux habitations des plus florissantes.

Il y a lieu de le croire. Si les colons étoient assurés qu'au lieu de trouver du profit à faire

---

(*a*) Il en sera parlé plus au long au chap.

périr leurs esclaves pour en racheter des nouveaux, il ne leur resteroit à l'avenir d'autre moyen de repeupler leurs habitations que par les voies de la génération humaine, ils s'empresseroient davantage à se procurer des Négresses, à marier leurs jeunes Nègres, à soigner leurs enfans, & à se procurer, comme le Docteur Mapp, des familles saines & nombreuses de cultivateurs acclimatés, dont ils seroient sans cesse les protecteurs adorés.

Dans les cantons de la Pensilvanie, on rencontre par-tout ce spectacle touchant de l'humanité champêtre, des familles nombreuses, gaies & laborieuses, qui, sans y être forcées par la rigueur, font, sans s'épuiser, des ouvrages pénibles & des récoltes immenses. Le tableau du bonheur qu'on y voit sans cesse, invite les voyageurs à partager leur félicité, en faisant quelque séjour dans leurs charmantes habitations. On n'y peut entrer sans plaisir, ni en sortir sans regret.

La douce émotion qu'on y goûte, rappelle aux ames sensibles ces siècles heureux où nos premiers patriarches, environnés d'une postérité nombreuse & de celle de leurs serviteurs, étoient révérés de leurs enfans, comme le restaurateurs de la nature & les conservateurs du genre humain. La paix, l'union & la simplicité sembloient avoir fixé le bonheur parmi des milliers de créatures mortelles, & avoir fait succéder la vertu & l'innocence à la fureur des guerres sanglantes & des cruautés révoltantes. Puissent de si grands exemples se renouveller quelque jour en faveur de tant de milliers d'esclaves infortunés, susceptibles d'un meilleur sort! Puissent toutes les ames bienfaisantes se réunir pour réaliser de si belles œuvres! il n'en exista jamais de plus grande, de plus utile, ni de plus digne d'intéresser tous les cœurs, que celle de conserver la vie & de rendre la félicité à dix millions de Nègres & à toute leur postérité.

Heureux, cent fois heureux, ceux qui auront contribué à une révolution aussi mémorable! Ils n'y gagneront pas des couronnes éclatantes ni des titres pompeux; mais ils mériteront de plus beaux titres encore: ils seront appellés les vrais confervateurs des peuples Africains, & les bienfaiteurs des êtres les plus malheureux de toute la terre.

CHAPITRE V.

Réfutation des principales objections faites par la cupidité, pour continuer la traite & l'esclavage des Nègres.

QUELQUES brigands d'Europe ont relâché sur les terres d'Afrique dans le siècle dernier ; ils ont été reçus des habitans avec la plus tendre affection.

Les Européens leur firent en revanche goûter des liqueurs fortes ; ils enivrèrent ces peuples doux, paisibles, industrieux, & allumèrent dans leur sang le goût de la discorde, de la guerre & de la destruction.

En leur prodiguant l'eau-de-vie, on a excité leur fureur ; on les a entraînés à s'égorger entr'eux, & à vendre leurs prisonniers ; c'est-à-dire à voler le sang, la vie & la liberté des hommes, pour les revendre à des bourreaux mercenaires qui les ont réduits à un esclavage éternel.

Le goût destructeur des boissons fermentées aliéna si fort leur raison, qu'on a vu quelquefois l'enfant vendre sa mère, le père vendre ses enfans, & le Prince ses propres sujets, pour se procurer cette liqueur funeste. Ces crimes atroces sont notre unique ouvrage; c'est nous qui les avons fait naître, en leur apportant ce poison dangereux qu'ils boivent avec fureur; c'est nous enfin qui sommes coupables de leurs forfaits, puisque nous les achetons comme de vils animaux, en profitant du délire de leur raison pour les faire égorger; & que nous enchaînons leurs prisonniers, pour aller arroser l'Amérique de leur sueur & de leurs larmes: & nous osons, après cela, parler d'humanité, de bienfaisance & de Religion!

Un cultivateur anonyme, qui possède des habitations dans le Nouveau Monde, a publié, depuis peu, des réflexions sur le trafic des Nègres; & quoique dans le cours de son Ouvrage, il assure que ce commerce est le plus

avantageux

avantageux de l'Europe (*a*), & le moins dispendieux pour la culture des colonies : il convient lui-même (page 2), que *l'esclavage est un grand mal pour les Africains.* Il faut que cette vérité soit bien évidente, puisqu'elle est confirmée par l'aveu & le témoignage authentique de ceux même qui en retirant le plus grand profit, ont le plus d'intérêt à la déguiser.

Il ajoute (page 3) : *Il seroit à souhaiter que l'on pût y remédier tout-à-fait, par l'affranchissement absolu des Nègres; mais l'etat de nos finances & des motifs de politique, le rendent impraticable.* Voilà la plus forte objection des colons Américains (l'argent). Leur vil intérêt se trouveroit lésé, s'il leur falloit payer un salaire à des Nègres libres, pour cultiver leurs habitations. Il seroit plus avantageux à leurs finances & à la rapidité de leur fortune d'employer des esclaves qu'ils nourrissent mal, &

(*a*) Réflexions d'un Cultivateur Américain, sur le projet d'abolir l'esclavage & la traite des Nègres. A Paris 1788.

qu'ils font travailler jour & nuit à grands coups de fouet ; ils aiment mieux enfin faire un profit immenſe en dix ans, au prix du ſang, de l'infortune & de la mort même de cent mille malheureux, que d'être vingt ans à s'enrichir en paix par des travaux ſuivis & des traitemens plus humains, qui aſſureroient à la fois l'accroiſſement de leur fortune & la félicité des malheureux Nègres.

Quant à la raiſon politique, elle eſt illuſoire & fauſſe. Lorſque l'Angleterre a autoriſé la traite des Nègres, elle ignoroit ſans doute les horreurs, les cruautés & les meurtres innombrables que l'aveugle cupidité devoit entraîner ; elle n'imaginoit pas que le poiſon, les fers & des traitemens plus cruels encore, y anéantiroient tous les ans cette immenſe portion de l'eſpèce humaine, & l'obligeroient à continuer toujours un trafic homicide pour l'alimenter. Il falloit des bras à l'Amérique pour la culture de ſes colonies, & elle autoriſa des facteurs à y conduire tous les eſclaves qu'on pourroit ſe procurer en Afrique, dans l'eſpoir ſans doute que leur population dans les Indes y éteindroit insensiblement la nécessité de ce trafic infâme.

La loi souveraine, qui a autorisé l'achat des Négres, pour la culture de l'Amérique, a donc le droit de l'abolir dès qu'il est injuste, tiranique; à plus forte raison, lorsqu'il cesse d'être nécessaire aux besoins des cultivateurs & aux vrais intérêts de la Nation; du moment que les propriétaires ont assez d'esclaves pour cultiver les colonies, le surplus qu'on en retire de l'Afrique, est un vol fait à l'humanité, qui ne peut plus être excusable. C'est aux Colons à leur rendre la vie assez douce, pour les engager à se marier, à se multiplier, à s'y reproduire, au point de remplacer par les générations futures, la somme totale des individus perdus tous les ans.

Ce moyen salutaire, quoique juste & bienfaisant, leur paroîtra toujours dur, parce qu'il entraîneroit la nécessité de les traiter avec moins de rigueur, de les nourrir mieux, de ne pas épuiser leurs forces, & de ne pas anéantir leur vigueur par des travaux excessifs; il les obligeroit enfin à soigner & à entretenir mieux leurs Négresses, pour fournir à l'entretien de leurs enfans, jusqu'à ce qu'ils eussent atteint le premier âge où l'on peut les mettre au travail; mais quand on voudra faire sincerement du bien sur la terre, de tels obstacles n'arrêteront jamais que des hommes avides ou indifférens : heureusement pour l'humanité souffrante, il existe encore en Europe assez d'âmes sensibles, généreuses & compatissantes, qui contribueront volontairement à l'achat des Negresses, dans le seul espoir d'éteindre à jamais la source de la traite des Negres, & toutes les horreurs d'un esclavage odieux.

Dans la situation présente de la servitude des colonies, il est certain que le Colon possede sur son esclave un droit de propriété, qu'on ne sauroit lui ravir tout d'un coup sans injustice, à moins que le Gouvernement ne le remboursât sur le champ de la valeur actuelle des esclaves mis en liberté; mais il suffiroit qu'une Administration équitable offrît à ses Colons les moyens d'entretenir par la population, le même nombre d'ouvriers qui lui sont vraiment nécessaires, pour être en droit, sans injustice, d'anéantir un trafic barbare qui révolte le ciel & la terre, & fait répandre le trouble, le sang & la discorde parmi tant de Nations innocentes; or je ne doute pas que si les Gouvernemens Européens, ou les personnes bienfaisantes qui composent les sociétés philantropiques, envoyoient assez de Negresses dans leurs colonies, pour y maintenir la population au même degré où elle existe à présent, les Colons ne préférassent des jeunes Negres, nés & familiarisés au climat, qui ne leur auroient coûté qu'une nourriture modique, plutôt que de payer cinquante guinées pour un Negre d'Afrique, sujet à périr dans la premiere année de son acquisition.

Qu'un enthousiasme inflexible & dur, prétende que si les Gouvernemens abolissent jamais la traite des Négres, ils doivent indemniser chaque Colon de tous les bénéfices qu'ils auroient pu faire à cet affreux commerce, c'est comme si un malfaiteur à qui le Prince auroit fait grace de la vie, à condition qu'il s'emploieroit à un travail plus honnête qu'auparavant, osoit dire à son Souverain, puisque vous me défendez de voler &

d'aſſaſſiner davantage, payez-moi donc auſſi tout l'argent que je gagnois en volant & égorgeant mes ſemblables.

Prétendre encore que *les habitations des Colonies ne puiſſent être cultivées que par les travaux forcés de quatre cent mille créatures humaines*; c'eſt une queſtion qui n'a pas encore été démontrée, & qui permettroit probablement bien des doutes fondés en raiſon & en équité. Nos Iles Américaines ſeroient-elles donc les ſeules terres du monde que les bœufs, les mules & les chevaux, ne pourroient exploiter, tandis que cette culture eſt en uſage avec ſuccès dans tous les empires de l'Aſie & les états de l'Europe, & qu'elle y produit dans tous les genres, des récoltes immenſes?

En ſuppoſant qu'on ne puiſſe ſe paſſer des bras & du travail des hommes pour les cultiver; (ſuppoſition abſurde contre laquelle je porte témoignage,) il ſera toujours conſtant que les terres ſeront auſſi-bien & peut être mieux cultivées par les mains des Negres affranchis, que la loi obligeroit de ſe louer à la journée, à tous les colons qui les demanderoient dans leurs habitations, que par des esclaves abrutis, qui ne travaillent que par la crainte des châtimens les plus violens... Que l'ouvrier libre qui ne travailleroit que douze heures par jour, & recevroit un salaire fixé par la Loi, seroit plus heureux que l'homme esclave, qui travaille dix-huit heures, flétri, battu, mal nourri, & sans aucun salaire suffisant à ses besoins.... Le Noir affranchi, sans cesse encouragé, par l'espoir de gagner par son travail, de quoi se procurer des habits, du linge, & les premiers secours d'une famille naissante, seroit moins misérable que l'esclave Negre, qui souffrant sans cesse toutes les injures du temps, n'a souvent qu'un misérable haillon pour couvrir ses nudités, & une claie, ou une peau de bête pour se coucher à terre.

Enfin le Colon lui-même ne seroit-il pas plus heureux, de ne plus avoir sous ses yeux, des misérables, abîmés sous le poids des douleurs les plus vives, & d'être servi désormais par des hommes libres, & des ouvriers soumis qui s'efforceroient de gagner sa confiance & sa protection? il en retireroit des travaux mieux suivis que par de vils Esclaves, qui ne marchent qu'à grands coups de fouet, travaillent mal, & sont chaque jour à la veille de se révolter & d'égorger tous les Blancs de nos Iles.

L'auteur anonyme des Réflexions sur l'Esclavage, prétend que, *si l'on veut faire cultiver les terres par des Negres affranchis, qui recevroient un salaire fixe, la culture seroit plus coûteuse & les profits moins importans pour les habitans*... Quant à cela personne n'en doute, mais on sera toujours persuadé qu'il vaudroit mieux que leurs bénéfices fussent moindres, que si, pour satisfaire leur insatiable cupidité, on prolongeoit éternellement un esclavage odieux, qui n'a servi qu'à les rendre durs, inhumains & cruels.

Le même auteur nous assure que *ce qu'il lui en coûte ordinairement pour nourrir ses Esclaves, n'est qu'une bagatelle, en comparaison de ce qu'il lui en coûteroit pour employer des ouvriers libres, quelque foible que fût leur salaire* (pag. 9.) Son aveu prouve le peu de cas qu'il fait de ses Négres, la petite quantité de mauvaise nourriture qu'il leur donne pour subsistance; il prouve aussi qu'il n'ignore pas le calcul homicide de regagner, par la ſuppreſſion d'une partie de la nourriture de ſes Eſclaves, le prix de ſon remplacement, afin d'avoir en profit net tous les travaux du Maure, qui périt bientôt d'épuiſement & de fatigue.

(Voyez ce calcul homicide, *Chap. XII.*) Premiere partie.

L'auteur ne perd pas la tête, il prétend encore que *ſi la traite étoit abolie, il ſeroit fondé à réclamer du Gouvernement, la totalité des pertes qu'il éprouveroit ſur ſes bénéfices, & à exiger l'entier rembourſement du prix de ſon habitation & de la valeur de ſes Négres*.... Cette réclamation ne mérite d'autre réponſe qu'un profond mépris.

CHAPITRE VI.

Du rachat des Esclaves, & de leur affranchissement partiel.

AFFRANCHIR subitement tous les Esclaves, avant d'avoir pourvu à leur subsistance présente & future, priver tout à-coup les habitations des bras qui avoient coutume de les cultiver, enlever à tous les propriétaires les seuls moyens d'administration qu'ils connoissent encore.... Seroient des actes violens & despotiques qui entraîneroient à la fois la ruine des Colons, faute de récolte; la misere des Négres, faute de nourriture; & la perte entiere des Colonies, par une révolution trop prématurée; la faim ou le désespoir y produiroient des crimes sans nombre & l'affranchissement général, loin d'être un bonheur pour les Esclaves, leur offriroit un sort plus funeste que tous les maux affreux auxquels ils sont actuellement soumis.

Quelques perſonnes plus généreuſes qu'éclairées, avoient adopté le plan d'un affranchiſſement périodique ou partiel; elles eſpéroient tous les ans racheter un certain nombre d'Eſclaves, en raiſon des ſouſcriptions qu'elles auroient reçues pour cette deſtination; ce moyen lent, diſpendieux & difficile dans ſon exécution, ne parviendroit jamais à tarir l'eſclavage; impoſſible dans ſes moyens, illuſoire dans ſes effets, il produiroit toujours plus de mal que de bien, parce que l'avide Colon vendroit chèrement à la compaſſion humaine des vieux Eſclaves qui ne lui ſeroient plus néceſſaires, & du prix d'un vieillard épuiſé il racheteroit auſſitôt deux jeunes Noirs plus vigoureux, des Capitaines Négriers qui continueroient clandeſtinement ce commerce; ainſi pour un miſérable qu'on racheteroit, on feroit deux malheureux de plus ſur terre, & on doubleroit, ſans le ſavoir, les maux de l'humanité outragée.

D'ailleurs les plantations Américaines, ne produiſant qu'en proportion de la culture qu'elles reçoivent, le nombre des Eſclaves qui ne feroient pas rachetés, feroient obligés de faire eux feuls tous les travaux, qui jadis étoient également divifés fur ceuxqui ont été affranchis, ils en feroient alors plus accablés qu'auparavant, plus miférables & plus tourmentés; l'ambition infatiable des Colons qui veulent toujours retirer le plus grand produit de leurs terres, avec le moins de dépenfes poffibles, leur feroit éprouver des rigueurs plus cruelles encore que celles dont ils étoient accablés auparavant.

Pour que l'affranchiffement partiel pût être utile au foulagement de l'efclavage, fans nuire à la culture des habitations, il faudroit établir deux autorités fouveraines, la première, qui défendroit fous les peines les plus féveres, le trafic des Négres, & en prohiberoit l'importation dans les Colonies, fous peine d'en faire pendre les auteurs, aux Mats du Vaiffeau qui les auroit apportés (*a*). La feconde, d'ordonner que les

---

(*a*) Plufieurs Colonies du Continent de l'Amérique Septentrionale, ont prohibé depuis long-tems la traite des Nègres, & affranchi partie de leurs efclaves, fans

Esclaves affranchis, soit par le Gouvernement, soit par la bienfaisance des sociétés humaines, fussent établis mariés & obligés d'aller travailler partout où ils seroient demandés, moyennant le salaire fixé ; dès-lors, les Négres forcés au travail par la Loi même, recevant un prix modique, mais suffisant à leurs besoins, ne seroient plus réduits à voler pour vivre. Semblables à tous égards à nos ouvriers Laboureurs ou Domestiques d'Europe, ils pourroient à leur choix se louer au jour, au mois, ou à l'année, s'attacher au service du maître qui les auroit affranchis, & goûtant les charmes si précieux d'une liberté sagement ordonnée, ils jouiroient chez leurs bienfaiteurs, d'une existence heureuse, qui ne feroit plus gémir la raison & souffrir la nature.

Mais, attendu qu'il seroit dangéreux d'accorder une liberté sans bornes à des Négres, qui n'auroient ni domicile, ni moyens d'une subsistance assurée ; il seroit prudent de n'en affranchir

---

qu'il en soit résulté la diminution des Noirs, ni la stérilité des terres.

tous les ans, qu'un nombre déterminé, & de préférer ceux qui travaillent avec le plus de courage, de les obliger à une année de travail libre, chez le maître qui les auroit affranchis, jusqu'à-ce qu'ils eussent gagné la valeur des petits meubles de leurs cases & des outils nécessaires à leurs travaux journaliers.

Si l'affranchissement étoit un prix accordé par la Loi tous les ans aux trois Esclaves de chaque habitation, qui auroient travaillé avec le plus de vigueur, l'émulation pourroit éclore parmi les Négres, les Colons seroient mieux servis, les terres mieux cultivées & les chatimens moins nécessaires.

Lorsqu'au terme fixé par la Loi, l'affranchi nourri par son maître, seroit encore obligé de travailler un an dans son habitation, moyennant le salaire fixé, il auroit le tems durant ce délai, de s'attacher davantage au maître qui l'auroit affranchi, d'en choisir un autre si son service ne lui étoit pas agréable, ou bien de prendre un métier quelconque pour lequel il faudroit qu'il justifiât avoir les moyens & la capacité; l'affranchi n'étant plus soumis au châtiment des Esclaves, cesseroit de porter les marques flétrissantes de la servitude, il pourroit s'habiller à son gré & jouir de tous les agrémens que procure un travail utile.

Le spectacle des affranchis n'inspire un désespoir dangereux à beaucoup de Négres, que parce qu'ils n'ont pas même l'espérance de le devenir jamais ; mais dès qu'ils peuvent prétendre à leur liberté, la vue de ceux qui en jouissent devient pour eux un objet d'émulation qui redouble leur zèle au travail, par le desir de réaliser bientôt une aussi douce espérance.

Un affranchissement trop général, jetteroit les Négres dans un état d'yvresse & de fureur, qui les porteroit peut-être aux plus grands excès ; extrêmes en tout, ils croiroient n'avoir plus de liens sur la terre, ils ne reconnoîtroient aucune autorité humaine, & se livreroient sans crainte aux forfaits les plus effrayans ; leur propre félicité exige donc qu'on prévienne une crise aussi dangereuse, & que n'espérant leur liberté que par degré dans des tems encore éloignés, ils ayent le tems d'y réfléchir, de s'y habituer & de reconnoître l'autorité des Loix & de l'équité naturelle d'en jouir.

On auroit tort de penſer que les affranchis devenus audacieux par leur nombre, parvinſſent jamais à tyranniſer les blancs, l'expérience a prouvé depuis long-tems, qu'ils conſervent toujours un grand reſpect pour les Européens, puiſque depuis plus de cent ans, on n'a pas vu d'exemple qu'un Nègre ou un Mulâtre affranchi, ait jamais fait une injure grave ou violente à un Européen.

Dans le nombre infini des plans qui ont été offers pour anéantir l'eſclavage, le plus avantageux peut-être, feroit celui d'inféoder à tout affranchi qui ſe marieroit, un arpent de terre à cultiver, en toute propriété & jouiſſance pour lui & ſa famille; le Colon qui lui feroit un tel ſacrifice, pourroit exiger en retour, la moitié de toutes les productions qu'il y récolteroit, & ſes jouiſſances nelui coûteroi ent ni peines, ni dépenſes, ni embarras; la banane, l'igname, le choux, le patatte & le Mahis, viennent avec tant de facilité dans nos Iles, qu'ils n'exigent preſque point de culture, les autres productions alimentaires, originaires

originaires de la Guinée, telles que le riz, le manioc & le pois d'angola, très-nourriſſans, s'y multiplient avec une telle abondance, qu'un ſeul eſpace de ſoixante pas en quarré de terre ordinaire, planté de ces légumes farineux, eſt plus que ſuffiſant pour nourrir toute l'année une famille de douze perſonnes, il pourroit échanger alors le ſurplus des denrées qu'il ne conſommeroit pas, contre de la morrue, du poiſſon, des volailles & d'autres animaux domeſtiques. L'amour de la propriété, les charmes d'une famille naiſſante, la jouiſſance d'une liberté modérée, les attachant au climat, y formeroient bientôt des peuplades immenſes, tributaires du Colon qui les auroit fondées; les affranchis auroient encore les deux tiers de leurs tems à conſacrer à la culture des habitations de leurs maîtres, pour un modique ſalaire; c'eſt ainſi qu'à très-peu de frais il ſeroit poſſible d'améliorer le ſort des êtres les plus infortunés de la terre, & d'en faire des cultivateurs heureux qui s'y multiplieroient tous les jours, des loix douces & modérées, mettroient une fin aux cruautés inouïes dont ils ſont victimes, leur rendroient une liberté toujours précieuse, & consacreroient leurs travaux à la destination la plus utile à l'homme, l'Agriculture.

Exiger davantage, seroit peut-être imprudent. Le tems & l'expérience doivent tout ramener par degrés & éteindre insensiblement les abus les plus odieux qui sont l'ouvrage de deux siecles; mais en supposant l'abolition totale de la traite des Nègres, examinons par quels moyens on pourroit suppléer à leur mortalité, maintenir leur population & assurer aux colonies, les récoltes les plus abondantes, & le commerce le plus florissant.

CHAPITRE VII.

De la nécessité de favoriser la population des Négres.

JE l'ai dit & je le répete encore, l'Administration meurtriere des Nègres, (qui la plûpart périssent en peu de tems, de faim, ou de travaux forcés, & les besoins continuels où se trouvent nos colonies, d'en racheter tous les ans un grand nombre, pour remplacer les pertes occasionnees par leur mortalité,) fait égorger annuellement en Guinée, ou dans les autres Côtes esclaves, un peuple innombrable pour en enlever tous les prisonniers qui s'y font. Ce trafic, depuis son existence, a consumé & consume encore tant de Noirs, qu'on est forcé aujourd'hui de pénétrer bien avant dans l'intérieur du continent de l'Afrique, pour s'en procurer la quantité qui nous est nécessaire ; les Nègres y renchérissent depuis longtems, & deviennent de jour en jour plus rares & plus coûteux ; de ſorte que dans l'état préſent de la Guinée & de nos exportations, il eſt impoſſible que ce commerce ſubſiſte encore long-temps; il doit néceſſairement & bientôt ne pouvoir plus ſuffire à de ſi grands beſoins, ou mettre ſes victimes à un prix ſi exhorbitant, que les productions des Colonies ne pourront plus les payer; c'eſt un fait avéré dont tous les voyageurs inſtruits ont reconnu l'évidence & contre lequel la prudence des Gouvernements & l'avidité même des Colons, doivent chercher à ſe précautionner d'avance en encourageant une population nationale de Noirs dans nos colonies, par les moyens les plus favorables & les plus prompts.

Les ſeuls habitans de l'île de St. Domingue, conviennent que depuis 1680, on a importé chez eux plus de huit cent mille Nègres, une émigration auſſi immenſe auroit pu doubler dans cent ans par ſa ſeule population; cependant aujourd'hui dans toute l'île, il n'exiſte pas trois cent mille Noirs, & ce qu'il y a de plus affligeant, ce ne ſont pas l'éthiſie, l'épiau, ni d'autres maladies qui les ont conſumés; mais l'excès des travaux forcés, la disette des alimens & les traitemens rigoureux de leur condition actuelle.

La loi la plus nécessaire à la conservation des Nègres, seroit celle qui défendroit aux Colons, cette économie destructive qui les précipite en peu de tems au tombeau, leur fixer douze heures de travail par jour, faire surveiller les propriétaires, par des inspecteurs inconnus, & infliger des peines très sévères à tous les maîtres qui s'en écarteroient; pourquoi faire languir & périr par des traitemens barbares, des êtres infortunés, destinés à cultiver les terres?

L'auteur anonyme des réflexions Américaines, sur la traite d'Afrique, quoique zèlé Partisan de l'esclavage, convient lui-même qu'un traitement plus doux, seroit le seul moyen de les engager à se reproduire, (voici ses paroles, pag. 16)
« Lorsqu'on a mis sur une habitation, un nombre
» plus que suffisant de Noirs, pour les soins d'une
» plantation, ils y jouissent de quantité de dou-
» ceurs, & comme on n'exige pas d'eux un travail
» qui surpasse leurs forces, ils sont heureux, se
» portent bien & s'y multiplient davantage. » On

ne sauroit s'expliquer d'une maniere plus claire & plus positive.

Les Nègres aiment beaucoup le sexe, l'amour seul semble charmer leurs peines, ils sacrifient tout à ce plaisir fugitif, principe générateur de l'existence humaine; ils aiment avec passion & meurent avec constance; le petit nombre de ceux qui sont dans ce cas, donnent tout ce qu'ils possedent pour se faire aimer, font des choses incroyables pour obtenir une femme, & quoique dans un état misérable, ils ne négligent rien pour la conserver; que ne feroient-ils pas s'ils étoient libres dans leur choix & dans leurs affections morales?... S'il y avoit assez de Nègresses pour établir tous les hommes faits, si on les attachoit au climat, en leur donnant un petit coin de terre à cultiver, s'ils étoient tous assurés de gagner chez les Colons par un travail libre, payés du moindre salaire, de quoi nourrir leurs femmes & leurs enfans.

Le moyen le plus sûr d'abolir la traite des Nègres, seroit donc de la rendre inutile, en portant tous ses soins à encourager la multiplication des peuples Maures, & en favorisant une population équivalente, aux exportations de l'Afrique: tant que les Gouvernements ne mettront en usage que des défenses, des palliatifs, ou des adoucissemens toujours éludés, ils ne serviront qu'à rendre ce commerce plus lucratif & plus dangereux; il deviendra clandestin, les Esclaves se vendront le double dans les lieux où ils seront prohibés, & toutes les horreurs de l'Esclavage, existeront avec plus de rigueur.

On a prétendu sans raison, qu'à moins que tous les Gouvernemens de l'Europe ne consentissent d'un commun accord à l'abolition de la traite des Nègres, les Nations qui n'y auroient pas renoncé, continuant publiquement ou clandestinement ce trafic, y gagneroient tout ce que les autres pourroient y perdre, sans que l'humanité souffrante en recueillît le moindre soulagement... Que dèslors les Etats qui continueroient d'avoir recours à la traite, ayant leurs Nègres à meilleur marché, donneroient leurs productions coloniales à plus bas prix, tandis que dans toutes les habitations où la traite seroit prohibee, ne pouvant ſoutenir la même concurrence, elles ſeroient bientôt réduites à la derniere miſere.

Cela ſeroit malheureuſement vrai, ſi en prohibant la traite on ne s'occupoit pas des moyens de la remplacer par des nouvelles générations; mais dès que les Noirs auroient aſſez de femmes, & qu'ils ſeroient encouragés à ſe produire, on n'auroit plus beſoin du commerce de la Guinée ou d'acheter des Noirs des autres nations, qui continueroient de les importer.

Colon avide, les moindres réformes glacent ton courage & les obſtacles les plus légers te font trembler; tu crains plus de voir diminuer d'immenſes bénéfices, qui ont coûté la vie à tant d'infortunés, que d'autoriſer éternellement ſur terre les meurtres & les brigandages, dont tu reçois quelques profits! L'alternative que je propoſe n'eſt pourtant pas ſi douloureuſe, il faut de deux choſes l'une, ou renoncer entièrement au café & au ſucre, productions arroſées des larmes & du ſang de tant de malheureux Affricains, ou les multiplier dans le ſein de nos Colonies, par des mariages & les douceurs d'un affranchiſſement gradué : dèslors tes massacres d'Afrique ne seront plus nécessaires, tes pertes sur terre & sur mer cesseront, tes plantations seront mieux cultivées, tes rigueurs inutiles, tes craintes bannies, tes richesses plus certaines qu'auparavant & tous tes besoins pleinement satisfaits. S'il est vrai par la suite que les frais d'exploitation soient un peu plus considérables, étant faite par des hommes libres & bien nourris, que par des Esclaves exténués & roués de coups, tu auras au moins la gloire d'avoir rétabli la paix sur la terre, & après avoir été si longtems le bourreau de tes semblables, tu reprendras les plus beaux attributs de l'homme sensible, celui d'être le bienfaiteur du genre-humain & d'effacer par tes vertus les crimes que ta cupidité fit commettre.

Si on faisoit envisager le mariage parmi les Nègres, comme une récompense de leurs travaux, & la permission de prendre une femme comme un honneur qu'ils ne peuvent acheter trop cher, on arracheroit d'eux par ce seul espoir plus de travaux que par des traitemens rigoureux; le ressort de la politique réuni au sentiment religieux, leur feront faire volontairement les chofes les plus étonnantes, leur raifon feroit plus éclairée, ils finiroient enfin par chérir de bonne foi des maitres généreux qu'ils regarderoient comme leurs protecteurs.

Parmi les fpéculateurs Anglais, celui qui paroît avoir fait le dénombrement le plus exact des Noirs de toutes les Colonies, c'eft *Cooper*, dans une lettre qu'il a publiée à ce fujet : il eftime que les Colonies Angloifes poffedent un million cinq cent mille Noirs. Les Colonies Françoifes quatre cent mille, les Efpagnoles deux millions, cinq cent mille ; les Portugais un million, & les Hollandois & les Danois, environ cent mille, ce qui forme en total cinq millions cinq cent mille Nègres, triftes débris de plus de cent millions d'Africains qui font venus y trouver leur tombeau, ne laiffant après eux qu'un petit nombre de rejettons pour les remplacer fur terre.

Dans un excellent ouvrage, intitulé : *Effai fur l'Adminiftration des Colonies*, l'auteur rempli de vues profondes & lumineufes a fait inférer la note fuivante.

« Si on appliquoit à l'encouragement de la » population des Nègres les mêmes primes que » le Gouvernement accorde pour leur traite, il » en résulteroit deux grands biens, le premier, » d'avoir partout des Noirs acclimatés, le se- » cond, la suppression totale du commerce & de » la navigation des Côtes d'Afrique, qui est si » destructive de l'espece humaine. (pag. 79.)

S'il m'étoit permis d'ajouter encore à cette idée judicieuse, je croirois qu'il seroit plus avantageux d'employer à leur établissement & à leur population, durant l'espace de vingt ans seulement; les mêmes fonds consumés tous les ans à leur achat, importation, &c. &c. On auroit à moins de frais & en peu d'années, une génération immense d'hommes laborieux & accoutumés au climat; dès lors le trafic de la Guinée s'anéantiroit de lui-même.

Donnez des femmes à vos Nègres & tout s'accomplira de même, il existe si peu de Nègresses dans nos Iles à sucre, en comparaison des Nègres, & elles y sont si souvent attaquées & si prodigues de leurs faveurs aux blancs, que leur conduite, loin de tourner au profit de la population, en détruit bientôt tous les germes, par un libertinage ſans frein & une proſtitution ſans exemple ; ſur mille Nègres, c'eſt beaucoup, ſi l'on compte cinquante Négreſſes ; cette diſproportion étonnante, vient de ce qu'on importe toujours des femmes en petit nombre dans les vaiſſeaux Nègriers..... parce qu'elles ſe vendent mal en Amérique.... ſont preſque inutiles aux travaux champêtres des habitations..... conſument autant qu'un Nègre, produiſent moins, &c. &c.

Le moyen naturel d'établir les Nègres, pour les reproduire, ſeroit d'autant plus avantageux, qu'il eſt prouvé que le grand nombre de ceux qui meurent en arrivant dans nos Colonies, périſſent par les influences inévitables d'un climat contraire à leur conſtitution ; cette cauſe de deſtruction, n'agiſſant plus jamais ſur les Nègres dans nos Iles, on en perdroit beaucoup moins & leurs générations futures, ſeroient plus ſaines & plus vigoureuſes que celle des Noirs que nous recevons à grands frais de l'Afrique.

Ne pourroit-on pas condamner au profit de la

population Américaine, ce nombre infini de courtisannes d'Europe, qui y meurent de faim, de misère & de langueur ? on pourroit les faire guérir avant de les transporter dans nos îles, pour les marier aux Nègres, & cette punition terrible, en apparence, mais heureuse & douce dans ses effets, rendroit le libertinage moins commun, moins dangereux, & son existence trouveroit dans nos Colonies une fin utile au bonheur de l'humanité.

Il seroit sans doute équitable que les enfans nés de tous ces mariages, fussent déclarés libres à vingt-cinq ans, en ne faisant pas influer sur leur naissance, la loi Romaine, *partus ventrem séquitur*, le judicieux Schwartz fait à ce sujet une réfléxion très-sage. (*a*)

« Il est singulier (dit-il), qu'une loi tyrannique, » établie par des brigands sur les rives du Tibre, » fasse au bout de deux mille ans, des milliers » de malheureux dans les terres de l'Amérique. »

De l'union des courtisannes blanches avec les

(*a*) Observations sur l'esclavage des Nègres. A Paris chez Froulet, 1788.

Nègres, résulteroit des Mulâtres auxquels tout le Service Militaire des Colonies, pourroit être confié sans aucun danger, il ne seroit plus nécessaire de faire partir d'Europe, des régimens entiers qui s'y consument en peu de tems, & répandent la douleur & la consternation parmi tant de familles Angloises. L'expérience a prouvé que les Mulâtres ont pour les Blancs plus d'affection que les Nègres..... que plus ils s'éloignent du sang des Noirs, plus ils se considerent comme faisant partie du sang Européen, plus enfin ils s'attachent à eux & les servent avec zèle :

CHAPITRE VIII.

Profits réels que les Colons pourroient recueillir d'une population agricole.

JUSQU'A ce jour, tous les germes de la population des Noirs ont été anéantis dès leur ſource. Des maîtres avides craignant de perdre les deux derniers mois des Nègreſſes enceintes, parviennent ordinairement à les faire avorter de bonne heure : la plupart de ces malheureuſes créatures qui ſentent qu'elles vont être déteſtées & maltraitées, & qui ſavent tous les maux auxquels leurs enfans ſeroient bientôt ſacrifiés, regardent comme un devoir de tendreſſe & de ſenſibilité, de ſe faire avorter elles-mêmes ; les rigueurs de la tyrannie, étouffent chez elles tous les ſentimens de l'affection maternelle, la plupart avouent même avec franchiſe, que c'eſt par excès d'amour qu'elles font périr leurs enfans avant terme, plutôt que de leur procurer une exiſtence auſſi douloureuſe.

Si les Colons pouvoient calculer avec plus de patience, ils verroient clairement qu'ils n'éprouvent d'autres pertes réelles, qu'un certain délai à l'expiration duquel leurs fonds rentreroient au plus haut intérêt.

Je ſuppoſe qu'une Nègreſſe enceinte, prive ſon maître de la moitié des travaux qu'elle a coutume de faire.... durant les trois derniers mois de ſa groſſeſſe, & les quinze mois qu'elle emploie à nourrir ſon enfant, en évaluant la totalité du travail de ces dix-huit mois à 600 livres, c'eſt par conſéquent pour le propriétaire, une perte réelle en diminution de travaux que chaque Négrillon coûteroit à ſon maître. Mais auſſi, dès que l'enfant atteindroit l'âge de quinze ans, il vaudroit alors deux mille francs, & depuis dix ans juſqu'à quinze il auroit gagné au moins cent piſtoles à ſon maître; voilà donc mille écus que lui produiroit en quinze ans un ſacrifice de deux cent écus que lui auroit cauſé la groſſeſſe de ſon eſclave,

Esclave, je défie qu'il pût trouver un commerce plus lucratif, ni plus évident.

Il existe actuellement dans plusieurs habitations d'Amérique, de grands atteliers entièrement composés de Créoles, & Mr. (a) H. D[1]. a une famille entière du Sénégal, composé de cinquante-trois Nègres, Nègresses, Nègrillons, & Nègrittes, ce père infortuné qui avoit plus de quatre-vingt ans d'esclavage, avoit lui seul mis au jour vingt-deux enfans & voyoit autour de lui sa quatrieme génération.

J'ai toujours été étonné que des habitans spéculateurs, n'ayent jamais cherché à retirer des profits aussi importants de la seule population de leurs Nègres, en formant une pepinière de Nègrillons acclimatés, qu'ils vendroient à quinze ans beaucoup plus cher que des Nègres de Congo ou du Sénégal; mais en voici la raison, 1°. il faudroit d'abord plus de femmes & on n'en a presque pas,

---

(a) Voyez les Considérations sur l'état présent des Colonies Françoises, Tome II, page 67, édition de Paris, 1777.

2°. on feroit obligé d'attendre quinze ou vingt-ans, & on ne s'y détermine jamais, quand on peut par une adminiftration meurtriere faire fa fortune en dix.

Dans des climats perdus par la cupidité d'une économie fanguinaire, les établiffemens favorables d'une population agricole, doivent être les monumens d'un Gouvernement éclairé ou d'une fociété bienfaifante.

Heureufement pour les Nègres, il exifte encore quelques habitations gouvernées par des maîtres humains & généreux, qui cherchent à les multiplier en leur donnant à chacun une femme, en achetant des Nègreffes quand il leur en manque & en donnant à chaque famille un petit terrain à cultiver, ils y fement du grain, on leur permet d'y élever des volailles, des animaux & de fe faire un petit revenu particulier qui les attache au manoir principal : leurs maîtres les favorifent dans leurs petites acquifitions, les foulagent dans leurs befoins, prennent foin des Nègreffes durant leurs couches, reçoivent les préfens de leur fécondité, & fe font adorer dans leurs habitations ; on n'y donne que peu de travaux aux mères, tandis qu'elles allaitent ; dès que leurs enfans ſont sèvrés, on les ſouffre autour des cuiſines, tandis que leurs mères travaillent au-dehors; l'abondance, la joie & la proſpérité qui régnent dans de telles habitations, les mettent dans le cas de n'avoir plus beſoin de la traite & de faire également la fortune d'un Colon prudent qui ne conſume jamais tous ſes profits annuels.

CHAPITRE IX.

Des avantages importans d'une culture libre.

DES lettres nouvellement adreſſées par différens habitans des îles ou ſociétés inſtituées en Angleterre, pour l'abolition de la traite des Nègres, prouvent avec évidence, que la quantité des Noirs qui éxiſtent actuellement dans nos Colonies, eſt plus que ſuffiſante à la culture préſente des îles de l'Amérique, & que pour peu que leur population fût encouragée par des moyens d'humanité & de bienfaiſance, en moins de trente ans, les Nègreſſes qui ſont les femmes les plus fécondes de la terre, produiroient un ſurcroit de population ſuffiſant, non-ſeulement pour cultiver toutes nos habitations ſans Eſclaves, mais encore pour défricher les terres incultes de nos îles & à faire par la ſuite des émigrations importantes dans le continent; ce fait prouvé par des expériences ſuivies, démontre que tous les moyens de cruauté que nous avons employés pour nous procurer les Nègres d'Afrique, sont des actes d'une férocité impardonnable qu'on pourroit éviter.

Pourquoi le grand nombre des Colons avides s'oppose-t-il constamment à la liberté future des Nègres? c'est qu'ils aiment mieux retirer d'un Esclave dix-huit ou vingt heures de travaux par jour, en le nourrissant mal & sans aucun salaire, que d'être obligés de le payer pour n'en recueillir que douze ou quinze heures de travail, ils disent que c'est porter atteinte à leurs propriétés & à leurs profits, ils préferent par conséquent les rigueurs de l'Esclavage, & donnent plus volontiers des coups de fouet que de l'argent.

Tout homme né sans fortune, qui du matin au soir, n'est occupé qu'à calculer les moyens de passer rapidement de la misère à l'opulence, sacrifie tout pour parvenir; la douleur, les tourmens, la mort même de ses semblables, ne lui coûtent plus rien; insensible à tous les maux de l'humanité souffrante, tous les crimes lui sont indifférens, pourvu que sa fortune soit prompte &

brillante, delà cette dûreté, j'ose dire même cette barbarie de caractère qu'on rencontre souvent chez la plupart des Colons Américains.

Parmi les avantages d'une culture libre, ne doit-on pas compter pour beaucoup, d'avoir banni les craintes continuelles d'une révolte toujours prochaine parmi les Nègres & les justes frayeurs d'un soulèvement général, qui, dans une seule nuit peut massacrer tous les Blancs & s'emparer des riches habitations qu'ils arrosent depuis long-tems, & de leur sang & de leurs larmes? il n'y a que peu de tems qu'il y eut une insurrection à Antigoa, dans ce moment-ci, on en craint une à la Jamaïque, qui peut-être s'est réalisée.... Ainsi malgré toutes les probabilités d'une révolution tôt ou tard inévitable, on vit dans une sécurité tranquille, sans rien faire pour la prévenir.

Au milieu des craintes les plus légitimes, on ne peut voir sans douleur des noms illustres par leur naissance & célèbres par leurs talens, se déclarer presqu'ouvertement les partisans de l'Esclavage; s'il faut ajouter foi aux papiers publics, le Lord

Hawkesbury *croit presqu'impossible de réformer la traite, sans porter atteinte aux produits du commerce des Nègres....* Cela est vrai, de la maniere qu'il le seroit, de dire.... qu'on ne peut réprimer le brigandage des assassins, sans porter atteinte aux profits qu'ils retirent de leurs vols & de leurs meurtres; mais faut-il en conclure qu'on doive par cette considération, ne pas en arrêter le cours?

On assure que ce lord *à déclaré ouvertement qu'il s'opposeroit toujours à ce qu'on mît fin au commerce des Nègres, par aucun acte violent*; cette déclaration est-elle compatible avec l'équité?... Non certainement. Mille petits moyens qu'il propose pour adoucir leurs miseres, peuvent-ils les dédommager des violences & des outrages qu'on leur à fait éprouver depuis plus de deux siècles?

Le Lord Walsingham & le Lord Hawkesbury, ont également prétendu que la prospérité des Iles de l'Amérique dépend beaucoup de la conservation des Nègres.... En cela nous sommes d'accord, & je suis persuadé, d'après le témoignage des Colons les plus éclairés & les avis des obſervateurs impartiaux, qu'il ſera toujours poſſible d'affranchir par degrés les Eſclaves, en les employant comme libres aux travaux des habitations, en leur fixant des journées modiques comme à nos cultivateurs indigens, en donnant par la ſuite, des terres incultes à défricher à tous ceux qui, ayant gagné de quoi réaliſer une telle entrepriſe, deſireroient cultiver pour eux : Satiſfaits alors de leur exiſtence, ils béniroient les cœurs honnêtes qui auroient fait tomber leurs chaînes, & qui par des mariages libres, auroient poſé les fondemens d'une population capable, à la longue, de repeupler & de fertiliſer l'Amérique.

O riches propriétaires, Cultivateurs des deux Indes, ſouffrez que je vous faſſe cette queſtion ? Quelle confiance pouvez-vous avoir dans des hommes avilis qui vous déteſtent ?... Pouvez-vous de ſang-froid faire couler tant de larmes & de ſang innocent ?... Pouvez-vous, ſans frémir, vous engraiſſer de leur épuiſement ?... Lorſque vos tyrannies accumulées auront aigri tous les cœurs, comment vous défendrez-vous contre vos Nègres, quelles forces oppoſerez-vous à cent mille hommes robuſtes & vigoureux, qui auront la mort d'un frère, d'nn ami, ou d'un père à venger?... Sera-ce cinq ou ſix mille Anglois, dont les deux tiers ſont des femmes, des enfans ſans courage, ou des vieillards perclus de douleurs?.. faites-y attention & portez-y remède tandis qu'il en eſt tems encore; mais prenez garde que de plus longs délais ne vous précipitent vers votre ruine : ceſſez de conſumer en réflexions ſtériles, un tems que vous pouvez employer à vous mettre à l'abri des orages & à faire oublier vos fureurs.

CHAPITRE X.

Suite, & Histoire du Docteur Mapp; & Lettre de M. Robert Nickols, Doyen de Middelham, &c.

L'ADMINISTRATION économique & bienfaisante du Docteur Mapp, dans ses habitations Américaines, nous a été annoncée par M. Robert Nickols, Doyen de Middelham, dans une lettre qu'il a adressée au Trésorier de la société, instituée pour opérer l'abolition de la traite des Nègres; elle prouve avec évidence, que de légers adoucissemens dans le traitement des Nègres & le soin de les marier, sont plus que suffisans pour produire une nombreuse population, sans recourir aux exportations de l'Afrique: en voici la traduction littérale.

MONSIEUR,

Je viens de voir dans les papiers nouvelles

d'Yorck, que plusieurs personnes de considération, déterminées par d'honorables sentimens d'humanité, vont faire une motion en Parlement pour l'abolition de la traite des Nègres : Né dans les Indes Occidentales, je me trouve moi-même intéressé dans la cause que vous soutenez avec tant de noblesse, & je serai charmé de contribuer à vous donner des renseignemens sur cet objet, comme votre invitation publique m'y encourage.

Il me semble, Monsieur, que si l'on pouvoit démontrer que l'accroissement naturel de la population des Nègres, est suffisant dans nos Iles, pour la culture dont ils sont chargés, & que plus d'humanité dans la manière dont on les traite, suffiroit pour assurer leur accroissement naturel, on ne pourroit opposer de raison valable contre l'abolition de cet infame trafic, ou si quelques voix suspectes reclamoient encore en sa faveur, ce ne seroit tout-au plus que celles d'un petit nombre de planteurs Américains, inspirés uniquement par leur intérêt particulier.

Un grand nombre de faits prouvent incontestablement la proposition que je viens d'avancer ;

je vous en citerai un ou deux des plus remarquables, que plusieurs personnes actuellement à Londres peuvent vous certifier : elles sont plus à portée que moi de vous en démontrer l'authenticité.

Il y a environ soixante-dix ou quatre-vingt ans, qu'un certain M. Mac-mahon mourut sur son habitation, Paroisse Saint Georges dans l'Ile des Barbades. Sa possession fut évaluée, autant que je puis m'en souvenir, à environ 30,000 livres sterlings. Ce dernier propriétaire l'avoit eue sept à huit ans; en y entrant, il la trouva chargée de redevances pour un marchand de Londres : jaloux de se débarrasser de ce fardeau, il résolut de tirer un revenu extraordinaire de son habitation. D'après ce plan, suggéré par l'avidité, ses Nègres furent surchargés de travail; la plupart en perdirent la santé, quelques-uns même la vie (*a*). Il fut obligé

(*a*) Depuis que j'ai reçu cette lettre, un particulier de la même isle, m'a assuré qu'il avoit vérifié lui même par le rôle de la taxe des Nègres, que le nombre des esclaves de M. Mac-mahon, avoit diminué en deux ans de près de moitié. C'est à dire, que de 170, il n'en

de les remplacer par d'autres qu'il acheta à différentes fois dans l'espace de sept ans ; à sa mort, son habitation se trouva précisément aussi embarrassée, qu'à l'instant où il l'avoit prise ; car les dépenses entraînées nécessairement par la mort de ses Nègres, égaloient la dette dont il avoit voulu se débarrasser en les accblaant de travail.

A-peu-près vers le même tems mourut le Docteur Mapp, de la même isle, propriétaire moins riche, puisque son habitation n'étoit que de 20,000 livres sterling, & d'ailleurs inférieure à la première; moins fertile, plus exposée aux inondations, & plus éloignée du marché. Cet homme respectable se conduisoit plutôt en patriarche qu'en maître parmi ses Nègres. Non seulement il leur fournissoit des alimens de bonne qualité & en abondance; mais son humanité leur

resta que 95 ; ce Maître inhumain avoit coutume de dire en achetant un esclave, » que pourvu qu'il vécût » quatre ans, il ne lui en demandoit pas davantage; » sûr qu'il tireroit assez parti de lui pendant ce tems, » pour couvrir ses frais, &c. «

ménageoit de longs intervalles de relâche entre les travaux, qui cessoient absolument durant la grande chaleur du jour; c'est-à-dire, depuis onze heures jusqu'à trois, & pendant ces heures brûlantes, il leur faisoit donner des rafraîchissemens, sans exiger le moindre travail de leur part. Traités avec cette bonté paternelle, ils multiplioient prodigieusement; leur population s'accrut au point qu'après plusieurs années, il fut obligé d'acheter une seconde habitation, sur laquelle il n'y avoit point de Nègres, pour recevoir le superflu de ceux qu'il ne pouvoit employer sur la sienne. Il s'accommoda d'un terrain, qui, je crois, lui coûta 12,000 livres sterling. Sa fille a eu une dot considérable, & il a laissé à son fils près de 40,000 livres sterling; c'est-à-dire, le double de son premier capital. La fille du Docteur a épousé H. A. Ecuyer, aussi considéré par ses qualités personnelles que par sa fortune, & qui, j'ose le promettre, se fera un plaisir de servir la cause de l'humanité, & d'honorer la mémoire de son beau-père, en vous donnant tous les renseignemens que vous pouvez désirer, car je regarde comme important de vérifier scrupuleusement ces particularités. Je présume aussi que la maison bien connue de L* * *, pourra vous garantir ma première relation. Le chef de cette famille s'est trouvé, à ce que je lui ai entendu dire, dans l'isle, aux funérailles de ce barbare Mac-mahon. Pour moi, qui n'ai plus de liaison dans les Indes Orientales, & qui vis si éloigné de la ville, je ne puis guère servir qu'à vous indiquer les sources d'où vous pourrez tirer des informations plus exactes : quoi qu'il en soit, je ne vous ai rien exagéré sciemment, & n'ai sûrement pas eu l'intention de vous tromper.

Il est certain que les Nègres multiplient infiniment davantage dans les climats chauds que dans les froids. Il y a plus, l'extrême chaleur ne les incommode pas, & quand leur sang n'est pas appauvri par un travail excessif, par la disette d'alimens, ou par leur mauvaise qualité, ils ne sont pas aussi sujets que les Blancs, aux maladies qui résultent d'une température brûlante. Dans les îles des Indes Occidentales, & dans les Colonies Méridionales du Nord de l'Amérique, ils ſont pleins de ſanté & de vigueur pendant l'été, ſaiſon où les Blancs ſont affectés de fièvres, de maladies aigues, d'enflure de jambes & de jauniſſe. Si les pauvres périſſent de fièvres lentes & de diſſenteries, aſſurément perſonne n'en ſera étonné, pour peu qu'on ſonge qu'ils ne goûtent jamais de laitage ni de viande fraîche : leur nourriture conſiſte en maïs, en végétaux, auxquels ils ajoutent, ſoit un peu de poiſſon ſalé & rance, ſoit, mais plus rarement, quelque morceau de bœuf ou de porc ſalé d'Irlande ; encore n'ont-ils que les rebuts du marché : quand à leur boiſſons, c'eſt ordinairement de l'eau de mare, qu'ils corrigent quelquefois avec un peu de rhum ; ajoutez à cela, que dans la ſaiſon des pluies, on n'a pas toujours ſoin de leur faire quitter leurs travaux pour les mettre à l'abri :

Dans les provinces Septentrionales du Nord de l'Amérique, où j'ai auſſi demeuré, la dureté du climat nuit à l'accroiſſement de la population des Noirs. Ils y ſont en petit nombre, vieilliſſent de bonne heure, & l'on voit changer le noir

brillant

brillant de leur peau, en un brun jaune, qui annonce l'altération de leur santé. Mais, je le répete, les climats chauds leur sont infiniment favorables; passablement traités, ils y poussent loin leur carriere, & multiplient beaucoup. Il n'y a donc que les mauvais traitemens qu'ils éprouvent aux îles, qui nécessitent annuellement l'importation de nouveaux Esclaves, pour en entretenir toujours le même nombre sur les plantations. L'éloignement de leur patrie, en fait périr un grand nombre de chagrin, peu de tems après leur arrivée; quelques-uns se tuent eux-mêmes; très-peu, si même il s'en trouve, résistent au travail excessif qu'on leur impose & survivent deux ou trois ans. C'est un fait connu, que quand les planteurs ont besoin de remonter leurs habitations en Negres, non-seulement ils préferent ceux qui sont nés dans l'île, mais même ils les payent beaucoup plus cher.

Eh bien donc, pourra-t-on me dire, y a-t-il un seul planteur assez aveugle sur ses propres intérêts, pour ne pas traiter ses Esclaves d'une maniere qui le dédommageroit bien des sacrifices que ſon humanité l'auroit porté à faire ? Quelques perſonnes agiſſent ainſi & y trouvent leur compte. Cependánt, cet uſage n'eſt pas, à beaucoup-près, généralement établi ; au contraire, le planteur a ſes paſſions, que la loi inſouciante ſur le ſort des Nègres, n'a pas ſongé à réprimer. « S'il le tue » il n'a point de compte à rendre au Magiſtrat, » pourvu qu'il ſoit réellement propriétaire du » malheureux Eſclave. De folles dépenſes faites » en Angleterre, une vie débauchée, où de mau- » vaiſes récoltes dans nos Colonies, embarraſſent » ſouvent la fortune d'un planteur. Il a contracté » des dettes avec des négocians Anglois, il faut y » ſatisfaire ; les Nègres travailleront, que dis-je, » ils ſeront ſurchargés. Ailleurs, c'eſt un homme » empreſſé de faire fortune, qui compte plus ſur » le produit actuel des ſueurs de ſes Eſclaves, ou » ſur des épargnes barbares, que ſur le produit » à venir de ſon humanité, ou ſur les récom- » penſes futures de ſes avances libérales. Je parle » en général : je ſais qu'il y a d'heureuſes excep- » tions ; mais les exceptions même prouvent que » le contraire fait règle. Enfin, un propriétaire

» endurci dans ſes habitudes, inflexible dans ſon
» opiniâtreté, & chez qui le préjugé s'eſt enraciné,
» ne veut point eſſayer les effets d'un ſyſtême
» nouveau & plus doux, contre lequel, pour dire
» la vérité, les vices des Eſclaves le préviennent.
(Car, que peut-on attendre des Eſclaves?)

Quant à la force du préjugé dans nos îles, nous ſavons qu'elle eſt la répugnance invincible des Blancs, à admettre les Nègres au privilége du Chriſtianiſme. J'en appelle au témoignage de la reſpectable ſociété, pour la propagation de l'Evangile; elle n'aura que trop à confirmer mon aſſertion. Mais je demande à mon tour, & c'eſt au nom de l'humanité que je fais cette queſtion, pourquoi excluroit-on ces infortunés du ſein d'une religion conſolante, dont le fondateur a voulu que les bénédictions ſe répandiſſent également ſur tous les hommes? l'incapacité même que nous leur reprochons, eſt notre crime, puiſque dans des lieux plus humains, plus raiſonnables, à New-Yorck, par exemple, j'ai vu de vingt à quarante Noirs, admis à la Sainte-Table; mais dans nos îles, les maîtres ne ſe contentent pas de négliger la conversion de leurs Esclaves, ils osent objecter contre elle des raisons qui auroient étouffé le Christianisme dans sa naissance, si on eût eu la foiblesse de les admettre à cette époque.

Qu'on ouvre la continuation de l'histoire du Lord Clarendon. On y trouvera que de son tems, le nombre des Blancs à la Barbade étoit de cinquante mille, & celui des Noirs de cent mille, si je me le rappelle bien : environ vingt cinq ans après, les nombres de Blancs & de Noirs se trouvèrent réduits, par un dénombrement exact, à vingt-cinq mille, d'une part, & à quatre-vingt-dix mille de l'autre. Quoiqu'il paroisse au premier coup-d'œil, que le nombre des Blancs a diminué dans une proportion beaucoup plus grande que celui des Noirs, il faut observer que les Noirs sont attachés à la glèbe, & ne se transportent pas d'un lieu à un autre, comme le font les Blancs; d'ailleurs, le nombre de ces derniers ne s'accroît pas par les nouveaux venus dans une proportion plus grande que celui des Créoles, qui émigrent ou vivent hors de l'île. La balance ne fait que s'entretenir. Ajoutons encore que le climat est beaucoup plus favorable aux Noirs qu'aux Blancs. Or, il y a environ un siècle, que le Lord Clarendon a écrit la continuation de son histoire. Dans cet espace de tems, le nombre des Blancs a diminué d'environ moitié, & celui des Noirs dans la proportion de neuf à dix, malgré une importation qui monte annuellement, à ce que j'ai entendu dire, à près de cinq mille : réduisons-là à quatre, ou même à trois mille ; cela prouvera qu'indépendamment de la diminution de cent mille à quatre-vingt-dix mille, le premier total des Nègres a diminué autant de fois, c'est-à-dire, cinq, quatre, ou trois fois plus vîte, dans l'espace d'un siècle, que celui des Blancs ; en sorte que, tandis que ces derniers ont perdu dans un climat moins favorable pour eux, seulement moitié, la perte des Nègres a été quatre ou cinq fois plus forte. Je ne garantis pas l'exactitude scrupuleuse de tous ces calculs, & je ne suis pas à portée de la démontrer ; mais je les crois assez justes pour prouver que les mauvais traitemens ont détruit les Noirs dans nos îles, dans une proportion qui dépeupleroit le globe en moins d'un siècle, si cette barbarie diſpendieuſe s'établiſſoit partout, & avoit partout les mêmes ſuites. Au reſte, je crois qu'il ſeroit à propos de deſcendre dans les plus grands détails à cet égard, perſuadé qu'un calcul bien revêtu de ſes preuves, de la perte que l'eſpèce humaine éprouve dans nos îles, fourniroit un argument contre l'eſclavage, auquel nul homme, pourvu qu'il eût la ſenſibilité d'un homme, n'oſeroit rien répondre. Je penſe auſſi que l'on entretiendroit aiſément ſur nos îles, un nombre égal à celui que fourniſſent les importations annuelles, en employant à les mieux traîter, les dépenſes qu'entraînent néceſſairement ces importations. On pourroit en comparer les frais avec le produit des exportations de nos îles. Je ſuis ſûr que cette comparaiſon éclaireroit le propriétaire & le conſommateur, ſur leurs véritables intérêts, en montrant à l'un combien il perd de ſon produit, & à l'autre, la ſurcharge proportionnelle qu'il ſupporte pour l'entretien d'un commerce honteux, qu'un peu de patience & d'humanité finiroit par rendre inutile.

« Tranchons le mot ; je ne vois de remède

» immédiat & efficace à la diminution des Es» claves dans nos îles, que dans l'entière aboli» tion de la traite des Nègres. Cette mesure vi» goureuse forceroit nécessairement le planteur » à prendre de ses Noirs un soin qui serviroit es» sentiellement la cause de l'humanité, sans four» nir à personne aucun motif de se plaindre » qu'on attente à ses droits, ou qu'on attaque » sa propriété; » car quoiqu'il puisse avoir une propriété acquise sur les esclaves actuellement en son pouvoir, assurément il ne peut en avoir aucune sur ceux qui n'existent pas. Il n'a pas plus de droit de recruter son troupeau d'habitans de la Guinée, que de ceux de la grande-Bretagne. Un Marchand Anglois n'est pas plus fondé à acheter ou à revendre les habitans de la Guinée, que les habitans de la Guinée ne le sont à l'acheter ou à le revendre lui-même. Qu'il se suppose à Alger, & se demande à lui-même ce qu'il penseroit de ses chaînes ou du droit, d'après lequel on les lui auroit imposées. Et que seroit ce encore, s'il étoit vrai que les Marchands Anglois n'achetassent que des prisonniers de guerre, & que la guerre ne se fait en Guinée, que pour pouvoir lui vendre des prisonniers? Ah! qu'il frémisse en se rappellant ce proverbe: *c'est le receleur qui fait le voleur.*

Tout le sang versé dans ces guerres, tous les hameaux incendiés par les partis contraires, toutes les horreurs que la guerre traine à sa suite, toutes les larmes, toutes les souffrances des Captifs qu'on arrache brusquement aux attachemens les plus sacrés, tous ces déchiremens des cœurs unis l'un à l'autre par la nature, toutes ces cruautés que les pauvres Captifs endurent dans le cours de leur voyage, ou sous la verge d'un Piqueur, le marchand en répondra au Ciel. Il fait de son propre intérêt son idole, & c'est à cette horrible divinité qu'il immole l'humanité dans un sacrifice sanglant. Quoi! il ne s'élevera point de vengeur qui prenne sa défense? Quoi le reste du monde demeurera dans une lâche insouciance, & verra d'un œil sec insulter & outrager ainsi tant de malheureux, pour qu'un commerçant puisse manger un plat délicat, ou pour que la fille d'un Capitaine étale ſes graces dans une parure de ſoie ou de mouſſeline des Indes ?

Mais j'entens des voix s'élever & me répondre : c'eſt une branche du commerce national ; cette traite de Nègres, le Gouvernement la permet : Ainſi autrefois les Etats de la Grèce, non-ſeulement permettoient la piraterie & même la regardoient comme honorable ; mais dans une matière ſi évidemment contraire aux principes les plus communs de la juſtice, où eſt l'homme qui ſache encore rougir, ou qui conſerve quelque honnêteté dans ſon cœur, qui oſe s'avouer le défenſeur d'une telle cauſe dans une aſſemblée nationale ? Je le demande, ſi nous juſtifions ce commerce infâme par l'excuſe de la néceſſité ; juſqu'où cela ne nous menera-t-il pas ? De quel front oſerons-nous condamner le voleur ? Du gibet même il nous crie : *la neceſſité me força* ; & notre excuſe n'eſt pas meilleure que la ſienne. *Fiat juſtitia, ruat cœlum.* Les amis de la liberté doivent, d'après leurs propres principes, réprouver cette eſpèce de tyrannie, la plus abominable de toutes. La plus abominable, parce qu'aucune ne flétrit autant le moral, ne fait descendre si profondément la corruption dans le cœur. Le Chrétien ne peut soutenir cet infâme commerce ; sa bible lui montre les ravisseurs d'hommes, rangés dans la même classe, que les parricides & les parjures (A Tim. I. v. 10) Voudra-t-il se mêler à cette troupe impure ? Voudra-t-il la soutenir de son crédit ? Ceux qui lisent & croient leur Bible, peuvent apprendre par les histoires & les prophéties qu'elle contient que, quoique la providence divine ait quelquefois jugé à propos de permettre à une Nation d'en opprimer une autre, & que l'oppresseur puisse être regardé comme le fouet de la justice divine, cependant la vengence revient à la fin le frapper à son tour, lorsqu'il cherche à satisfaire son injustice, & non à procurer la réformation de l'opprimé. Fondés sur cette raison puissante, ceux qui croyent une providence divine, doivent trembler de participer à l'injustice de ce commerce en l'encourageant :

Si une fois ce trafic infernal pouvoit être anéanti, le sort des Esclaves s'amélioreroit enfin dans nos îles ; les Nègres, nés sur le sol même, seroient plus traitables, plus à portée de s'attirer l'affection des maîtres chez lesquels ils seroient nés; & plus faciles à convertir au Christianisme, parce qu'il seroit aussi plus aisé de les instruire. L'opération douce & uniforme des principes dc cette religion, pourroit éteindre l'Esclavage lui-même; car quoique le Christianisme, à sa premiere apparition, n'ait point essayé d'introduire de changemens dans les droits civils des hommes, & cela pour des raisons qui se présentent d'elles-mêmes, cependant il tend naturellement par son esprit à la liberté civile, comme Montesquieu l'a observé en sa faveur, & Gibbon a osé le lui reprocher. Il est pourtant évident que la culture de la canne à sucre ne nécessite point l'esclavage, puisqu'on faisoit du sucre en Sicile il y a quelques siècles, comme on en fait encore aujourd'hui dans la Cochinchine, sans employer des Esclaves à cette culture. Mais quand cela seroit autrement, quel choix les Anglois devroient-ils faire dans l'alternative de se passer de sucrer leur thé, ou de délivrer les Nègres du poids de leurs chaînes?

La prohibition de la traite des Nègres, seroit

directement avantageuſe aux planteurs. Le bénéfice qui en réſulteroit s'accroîtroit avec le tems, puiſqu'il hauſſeroit immédiatement le prix de ſes Nègres, dont le nombre s'augmenteroit auſſi par l'amélioration du ſyſtème préſent de l'Eſclavage.

Les marchands Anglois y gagneroient également, en ce qu'aucun des produits de nos Colonies, n'étant employé à l'acquiſition des Eſclaves, il en reſteroit davantage pour ſolder les dettes contractées avec la Grande-Bretagne.

J'y vois également l'avantage de la Nation. Le planteur cultivant la canne à ſucre à moins de frais, pourroit par la même raiſon nous fournir ſes productions à meilleur marché. Ajoutez à cette économie, celle des Matelots & des Soldats qu'on n'enverroit plus mourir ſur les côtes malſaines de l'Afrique.

Nous prouverons aux États-Unis de l'Amérique, que nous ne ſommes pas moins qu'eux, amis de la liberté, & nous aurons du moins l'honneur de ſuivre un exemple que nous aurions dû avoir celui de donner. Nous démontrerons enfin à toute la terre, notre juſtice & notre humanité.

Le règne de Georges III en recevra un éclat particulier, & celui qu'un zèle noble pour le soutien de la piété & de la morale, distingue chez lui, comme le véritable pere de son peuple, se montrera partout l'ami du genre humain.

J'ai fait, Monsieur, tout ce qui a été en mon pouvoir, je suis hors d'état de vous donner des renseignemens plus exacts; Mais ma conscience me dit que je ne vous ai présenté volontairement aucune circonstance dans un faux jour. Tout ce que j'ai écrit m'a été dicté par un zèle évident pour le succès de la cause intéressante que vous soutenez.

J'ai quelques papiers qui ont été publiés sur ce sujet, & je me ferai un plaisir de les faire circuler parmi mes voisins.

Je suis, Monsieur, &c.

CHAPITRE XI.

Fausseté des motifs politiques qui s'opposent à l'abolition de la traite des Nègres.

Il est bien humiliant pour notre amour-propre d'être obligé de convenir que l'ambition & l'avidité d'accumuler promptement des richesses, sont les seuls motifs qui s'opposent encore à l'abolition de la traite des Nègres, & à l'extinction progressive de leur esclavage !.... C'est une vérité douloureuse dont on sent toute l'évidence, lorsqu'on parcourt les discussions parlementaires, les motions de quelques Lords, & sur-tout les nombreux Écrits des partisans de l'esclavage..... Examinons la force de leurs observations.

L'Auteur de la brochure intitulée : *Réflexions d'un Cultivateur Américain, sur le projet d'abo-*

lir la traite & le commerce des Nègres, dit à la page 50:

» En proportion de son étendue, la traite
» des Nègres a toujours passé pour le com-
» merce le plus avantageux de tous ceux que
» l'on fait en Angleterre. C'est un débouché
» très-utile pour nos fabriques, & une source
» abondante de revenu pour l'État; si l'on dé-
» fend l'importation des Nègres, la masse des
» denrées coloniales diminuera, & par consé-
» quent nos îles à sucre diminueront aussi une
» partie de la somme de deux millions de livres
» sterling qu'elles versent tous les ans dans le
» Trésor public: les esclaves décroîtront, les
» manufactures seront engorgées de marchan-
» dises, faute d'en trouver la consommation, &
» le commerce sera anéanti, &c. «

Toutes ces raisons, & tant d'autres qui, au premier abord, paroissent alarmantes, seront purement chimériques, du moment qu'on aura pourvu aux moyens d'entretenir par la seule population, le même nombre de Nègres qui existent aujourd'hui dans toutes nos îles. Les mémes bras & la même culture n'ayant point changé de nature, verseroient la même quantité de productions territoriales, & donneroient à-peu-près les mêmes bénéfices aux Colons.

Il n'y auroit donc précisément que le seul trafic des Nègres qui en souffriroit.... mais parce qu'il est très-avantageux à quelques traitans d'acheter à vil prix de la chair humaine & des hommes vivans pour les revendre fort cher dans les colonies, est-ce un juste motif pour autoriser par des actes parlementaires des crimes lucratifs à quelques individus, en confirmant par la loi des meurtres & des cruautés qui sont sans exemples, même parmi les Payens & les Idolâtres? la sanction du Gouvernement Anglois ne pourra jamais faire considérer comme équitables des forfaits inouis qui ne sont exécutés que par le seul motif d'acquérir plus rapidement des richesses: si elle pouvoit les rendre légitimes, elle auroit aussi le droit de permettre à une Compagnie de voler & d'assassiner les voyageurs sur les grands chemins, en se conformant aux Réglemens qu'on lui prescriroit à ce sujet.

Mais,

Mais, s'écriera-t-on peut-être, *si on réforme un commerce aussi florissant, que deviendront tant de Marchands, de jeunes gens, & tant de vaisseaux consacrés à la seule traite des Nègres?* Ils porteront leurs talens sur d'autres branches de commerce utile : la concurrence, il est vrai, & l'abondance des mêmes productions, en diminueroient probablement la valeur & les profits; mais les peuples consommateurs en seroient mieux servis & moins surchargés. Il en résulteroit un bien général, même pour de nouveaux commerçans, de gagner un peu moins dans un commerce honnête, que dans le trafic affreux de faire égorger tant de milliers de créatures humaines, pour charger quatre ou cinq cents prisonniers du poids de l'esclavage le plus rigoureux.

Plus on réfléchit aux moyens odieux qu'on emploie pour détruire si rapidement les hommes, plus on voit se multiplier les preuves que partout où les Noirs sont traités avec douceur, ils se portent mieux, & se reproduisent davantage. Après avoir mis au jour les résultats des

Colons qui en ont fait les expériences heureuses, il faut que je cite encore les propres aveux des propriétaires qui se sont déclarés les apologistes de l'esclavage.

Le même Cultivateur Américain, cité ci-devant, convient à la page 56, que les îles Françoises renferment un plus grand nombre de Nègres, & produisent plus de denrées que les colonies Angloises (*a*); que la seule île de Saint-Domingue rend presqu'autant que toutes les îles Angloises réunies. Notre Cultivateur en donne lui-même la raison plus bas (page 97), en nous disant : » Les François traitent mieux » leurs esclaves que nous ne traitons les nôtres; » ils sont dans leurs colonies mieux nourris, » mieux vêtus, travaillent moins, & ne sont pas » si rigoureusement châtiés. Les François sont

---

(*a*) Il est donc évident qu'une administration douce & des traitemens plus salutaires, sont les moyens les plus certains de multiplier l'espèce des Nègres, d'acquérir un grand nombre de cultivateurs, & d'augmenter la masse des productions coloniales.

» de meilleurs maîtres que nous; car dans tous » les lieux où la tyrannie eſt tolérée, ils l'exer» cent avec le moins de rigueur : (page 90) «

Il eſt donc confirmé par le témoignage même des protecteurs de l'eſclavage, que les voies de modération ſont ſeules capables de rendre leur condition ſupportable ; qu'une nourriture ſaine & ſuffiſante eſt un moyen certain de les conſerver en ſanté, & que pour maintenir leur vigueur, il ne faut pas les ſurcharger d'un travail de ſeize à dix-huit heures par jour, capable d'épuiſer leurs forces en quatre ou cinq ans, & de rendre leur deſtruction plus rapide. Le plus robuſte taureau ne réſiſteroit pas long-tems à un tel excès de travaux, continués durant pluſieurs années ; à plus forte raiſon, ne peut-on l'exiger d'une créature humaine, ſans abréger ſa vie, & ſans la précipiter viſiblement au tombeau.

Je ne crains pas de le redire : le ſublime projet d'abolir la traite des Nègres ne pourra jamais s'opérer par des prohibitions, des adouciſſemens ou des palliatifs trop ſouvent éludés. Lorſque des plantes vénéneuſes empoiſonnent un terrein fertile, ce n'eſt pas en l'arroſant avec du lait, qu'on peut en adoucir les poiſons; il faut en couper les racines, pour faire fleurir à leur place des arbuſtes jeunes & vigoureux, capables d'enrichir un propriétaire.

L'extinction de la traite s'effectuera d'elle-même, ſans aucune violence, dès qu'on aura tranſporté dans nos colonies aſſez de femmes & de Négreſſes pour y favoriſer la population du ſang Africain. Le colon qui poſſéderoit trente ou quarante enfans de différens âges, faits au climat, élevés ſous ſes yeux, dès qu'il compteroit ſur leur travail, ceſſeroit bientôt d'acheter chèrement des eſclaves, puiſqu'il auroit chez lui de quoi remplacer la perte des Noirs qui périroient d'épuiſement ou de maladies. La poſſibilité d'en racheter lui étant interdite par la loi, & ne pouvant être éludée qu'à un prix exhorbitant, le forceroit, pour ſon propre intérêt, à mieux traiter ſes Noirs, à les mieux nourrir, à les moins accabler de fatigues, à les ſoigner dans leurs maladies: & à les conſidérer tous comme des enfans laborieux & chers-deſtinés à contribuer à ſa proſpérité & à ſa fortune.

Si quelque Puiſſance ambitieuſe refuſoit de renoncer au commerce des Nègres, elle n'en recueilleroit aucun avantage ſur ſes rivales, dès l'inſtant qu'il y auroit aſſez de bras & de population dans les colonies pour en exploiter les habitations, les colons n'en achetant preſque plus, les facteurs ne trouveroient plus à les vendre; & ce trafic odieux s'anéantiroit enfin de lui-même.

Par tout où il y aura des femmes, vingt ans ſuffiront pour réaliſer un ſi beau projet, pour faire la félicité de nos Nègres, produire des générations ſaines & acclimatées, accroître toutes nos richeſſes coloniales, & peut-être un jour les doubler, comme l'a éprouvé le Docteur Mapp.

Les Navigateurs de l'Afrique ne trouvant plus de profits à continuer ce commerce, y renonceroient la plupart; ceux qui auroient le courage de le pourſuivre, obligés de vendre chèrement leurs Noirs aux colonies qui n'auroient point de population de couleur, ne tarderoient pas long-tems à en dégoûter les propriétaires; & ces derniers pouvant préférer des moyens plus ſûrs, moins diſpendieux & plus propres à l'accroiſſement de leur fortune, n'héſiteroient pas un jour de les adopter pour en recueillir les mêmes avantages.

D'après la diſpoſition préſente des Gouvernemens Européens, il paroît que toutes les Puiſſances ſont portées à concourir de concert à l'abolition de la traite. Les cœurs honnêtes réclament depuis long-tems cette proſcription générale, juſqu'à ce que des tems plus heureux aient permis de rendre nos eſclaves libres, en les affranchiſſant de toute tyrannie humaine. Tous les êtres ſenſibles forment des vœux pour voir réaliſer un projet ſi beau, ſi grand, ſi équitable, ſi digne d'immortaliſer ceux qui l'auront accompli; le ſeul enfin qui, après tant de forfaits & de ſang répandu, ſoit capable d'expier nos crimes & nos erreurs, en reſtituant à l'homme ſa liberté, & à l'humanité tous ſes droits. Eſt-il un avantage, un intérêt qui puiſſent jamais autoriſer l'eſclavage, les misères, les tourmens & la mort de dix millions d'Africains?

CHAPITRE XII.

Précis des moyens d'abolir l'esclavage.

La récapitulation des moyens les plus propres à abolir la traite & l'esclavage des Nègres, peut se réduire en douze articles.

1°. Proscrire entièrement la traite ou le trafic des Nègres, sous les peines les plus rigoureuses & les plus sévèrement exécutées, tant contre les facteurs, que contre les colons qui les acheteroient.

2°. Traiter les Noirs avec moins de rigueur, en modérant toutes les punitions cruelles qu'on leur impose aujourd'hui.

3°. Les mieux nourrir, en leur faisant distribuer une quantité suffisante d'alimens sains & de meilleure qualité, qui soient au moins capables de rétablir les pertes que leur causent des travaux inhumains.

4°. Fixer leurs heures de travail, de sorte

que leurs forces n'en ſoient pas épuiſées ; qu'ils aient pour tems de repos les deux heures du jour où le ſoleil ſe montre avec le plus d'ardeur, & au moins ſix heures de repos dans la nuit.

5°. Affranchir tous les ans un Nègre ſur vingt, dans toutes les habitations.

6°. Favoriſer la traite des Négreſſes, & l'encourager par des primes ou des priviléges que les Gouvernemens pourroient accorder... ou des prix de bienfaiſance que les Sociétés Philantropiques décerneroient aux facteurs qui, dans le cours de trois ans, auroient importé le plus de femmes des comptoirs de l'Afrique.

7°. Marier tous les Nègres qui y conſentiroient, depuis l'âge de vingt-cinq ans juſques à cinquante.

8°. Déclarer libres à vingt-cinq ans, tous les enfans nés de leurs mariages.

9°. Leur donner, en les mariant, un petit coin de terre à cultiver en toute propriété & jouiſſance, avec les premiers meubles d'une caſe & les outils les plus néceſſaires à leurs travaux.

10°. Obliger tous les affranchis de se rendre aux habitations où ils seront demandés, & d'y travailler douze heures par jour, moyennant un salaire fixé en raison des productions de chaque colonie.

11°. Contraindre tous les affranchis qui refuseront de travailler aux terres, d'apprendre un métier utile à la colonie, en justifiant qu'il en a les moyens & la capacité.

12°. Enfin, nommer tous les ans des Inspecteurs dans les îles & les colonies où l'esclavage des Nègres seroit encore existant, pour surveiller s'ils y sont traités conformément aux loix établies en leur faveur; en leur attribuant le pouvoir de punir, par des amendes ou d'autres peines, les maîtres durs ou injustes qui les auroient enfreintes.

Il seroit sans doute important de fixer plus positivement dans le Code Noir, le droit des maîtres des Nègres esclaves, Nègres affranchis & mariés, des enfans noirs, des Mulâtres, &c. &c. &c. Mais comme cette partie purement législative sortiroit des bornes que je me suis prescrites, & qu'elle exige d'ailleurs les connoissances les plus profondes, je fais des vœux ardens pour que des Magistrats éclairés & sensibles daignent s'occuper de leur sort, & nous communiquer leurs lumières : de grandes vues ne s'exécutent jamais sur le champ ; mais quand elles sont justes & bienfaisantes, elles frappent & intéressent le cœur ; elles s'y gravent par la mémoire, & s'accomplissent dans l'avenir lorsque l'occasion s'en présente. Qui auroit cru en France que des loix faites dans Rome & dans la Grèce il y a deux mille ans, eussent servi d'autorité aux Européens pour faire égorger ou enchaîner un si grand nombre de Nègres d'Afrique, & les condamner en Amérique à l'esclavage le plus rigoureux qui ait jamais existé sur la terre.

Et vous, esclaves trop malheureux, qui semblez n'exister sur la terre que pour y subir toutes les humiliations réunies des travaux violens de la faim & des tourmens les plus cruels, mon cœur vous plaint, vous estime & vous aime ; je donnerois la moitié de ma vie pour tarir la cauſe de vos larmes, & mettre fin à vos douleurs.

Pauvres infortunés, ſi ma foible voix peut un jour attendrir vos tyrans, leur faire ſentir de juſtes remords, & adoucir vos triſtes deſtinées, je ſerai ſatisfait d'avoir vécu quelques inſtans ſur la terre! je ſens dès ce moment tout le prix de la vie, ſi mes vœux ardens peuvent s'accomplir, alors je ſerai plus heureux cent fois que ſi les plus riches tréſors du Pérou & de l'Inde m'étoient offerts.

FIN.

TABLE GENERALE DES MATIÈRES.

LE MORE-LACK.

PREMIERE PARTIE.

POPULATION DES COLONIES.

SECONDE PARTIE.

Fin de la Table.

:HEVE D'IMPRIMER LE 30 SEPTEMBRE 1968 PAR GALLI THIERRY,
MAITRE IMPRIMEUR A MILAN POUR LE COMPTE DE

EDHIS

EDITIONS D'HISTOIRE SOCIALE
10, RUE VIVIENNE A PARIS

IL A ETE TIRE 750 EXEMPLAIRES NUMEROTES SUR PAPIER
VERGE A LA MAIN, PLUS 30 EXEMPLAIRES HORS COMMERCE

EXEMPLAIRE N° 165

www.ingramcontent.com/pod-product-compliance
Ingram Content Group UK Ltd.
Pitfield, Milton Keynes, MK11 3LW, UK
UKHW012012240726
13965UKWH00002B/311